Arthur Thömmes

Die schnelle Stunde

Allgemeinwissen

30 originelle Unterrichtsstunden ganz ohne Vorbereitung

Auer Verlag GmbH

Aufgrund der besseren Lesbarkeit werden in diesem Buch ausschließlich die männlichen Formen verwendet. Wenn von Schüler gesprochen wird, ist immer auch die Schülerin gemeint, ebenso verhält es sich mit Lehrer und Lehrerin.

Die Internetadressen, die in diesem Werk angegeben sind, wurden vom Verlag sorgfältig geprüft (Redaktionsschluss August 2009). Da wir auf die externen Seiten weder inhaltliche noch gestalterische Einflussmöglichkeiten haben, können wir nicht garantieren, dass die Inhalte zu einem späteren Zeitpunkt noch dieselben sind wie zum Zeitpunkt der Drucklegung. Der Auer Verlag übernimmt deshalb keine Gewähr für die Aktualität und den Inhalt dieser Internetseiten oder solcher, die mit ihnen verlinkt sind, und schließt jegliche Haftung aus.

Hinweisen an info@auer-verlag.de auf veränderte Inhalte verlinkter Seiten werden wir selbstverständlich nachgehen.

Gedruckt auf umweltbewusst gefertigtem, chlorfrei gebleichtem und alterungsbeständigem Papier.

1. Auflage 2009
Nach den seit 2006 amtlich gültigen Regelungen der Rechtschreibung

Illustrationen: Barbara Schumann
Umschlagillustration: Julia Flasche
Satz: Fotosatz H. Buck, Kumhausen
Druck und Bindung: Aubele Druck GmbH, Bobingen
ISBN 978-3-403-0**6456**-5

www.auer-verlag.de

Inhaltsverzeichnis

Vorwort

Liebe Kolleginnen und Kollegen,

Sie kennen die Situationen, in denen Sie spontan und ohne große Vorbereitungszeit Unterrichtsstunden übernehmen müssen. Häufig müssen Sie dabei fachfremd und in unbekannten Klassen unterrichten.

Mit dem vorliegenden Band eröffnet der Auer Verlag eine neue Reihe mit dem Titel „Die schnelle Stunde". Die Bände bieten zahlreiche Stundenkonzepte und Materialien, die keiner großen Vorbereitung bedürfen. „Die schnelle Stunde" ist besonders geeignet für Vertretungsstunden ohne großen Aufwand und ohne Vorbereitungszeit oder auch als Lückenfüller für Ihren eigenen Unterricht. Für eine Orientierung auf einen Blick sind alle Stunden nach dem gleichen Schema aufgebaut und enthalten Angaben zu Klassenstufe, Dauer, benötigtem Material, Lernzielen und zur Vorbereitung, stellen Varianten vor und geben Tipps. Die meisten Stunden enthalten ein zusätzliches Arbeitsblatt zum Kopieren.
Die Einheiten sind auf eine Unterrichtsstunde angelegt, einige können aber auch erweitert werden.

Im vorliegenden Band steht die Allgemeinbildung im Mittelpunkt. Die Themen sind breit angelegt, unterhaltsam und informativ aufgearbeitet (z. B. Mülltrennung, Deutschland-Quiz, Abkürzungen). Viele Themen sind nahe an der Erfahrungswelt der Schüler und dadurch spannend (Lieblingsfach-Statistik, Begrüßungsrituale, Charts u. a.). Die ausgearbeiteten Stunden sind nicht nur lehrreich, sie machen auch viel Spaß.

Spielerisch und interaktiv erwerben die Schüler in diesen Stunden wichtiges Allgemeinwissen, das in den Lehrplänen oft keinen Platz findet. So erwerben sie eine wichtige Grundlage für Schule und Leben, die ihnen im Alltag, im Unterricht und nicht zuletzt auch im Bewerbungsgespräch zugutekommen wird.

Ich wünsche Ihnen viel Freude und Erfolg mit den vorgestellten Materialien.

Arthur Thömmes

Übersichtstabelle zu allen schnellen Stunden

	Kl. 5	Kl. 6	Kl. 7	Kl. 8	Kl. 9	Kl.10	kopieren	Material	evtl. Material	erweiterbar auf 90 min
100 Wörter des 20. Jahrhunderts				x	x	x	x		x	x
Abkürzungen			x	x	x	x			x	
Anglizismen				x	x	x	x		x	
Autokennzeichen	x	x	x				x		x	
Begrüßungsrituale	x	x	x	x	x	x	x			
Charts				x	x	x	x		x	
Die deutschen Bundesländer	x	x	x	x	x	x	x		x	
Deutschland-Quiz			x	x	x	x	x		x	
Europa			x	x	x	x	x		x	
Filmscharade	x	x	x	x	x	x				
Fingeralphabet	x	x	x	x	x	x	x			x
Fremdwörter-Bluff				x	x	x	x			
Idole	x	x	x	x	x					
Jugendsprache			x	x	x	x	x			
Knigge für den Alltag	x	x	x	x	x	x	x		x	x
Lebensweisheiten	x	x	x	x						
Lieblingsfach-Statistik	x	x	x	x	x	x				
Menschenrechte				x	x	x	x	x		
Morsealphabet	x	x	x	x	x	x	x		x	x
Mülltrennung	x	x	x				x	x		x
Politik-TABU			x	x	x	x			x	
Rekorde	x	x	x	x			x			
Sprachenvielfalt	x	x	x	x	x	x	x		x	x
Stadt – Land – Fluss	x	x	x	x	x	x	x		x	
Superhelden	x	x	x						x	
Verpackungsangaben			x	x	x	x	x	x		
Wer bin ich?	x	x	x	x	x	x			x	
Die Zehn Gebote			x	x	x	x	x		x	
Zeitleiste			x	x	x	x	x		x	x

100 Wörter des 20. Jahrhunderts

8.–10. Klasse

45–90 min

Wortliste für jeden Schüler, Lexika, Plakate, dicke Stifte

Die Schüler sollen durch die Deutung von Wörtern typische Kennzeichen für das 20. Jahrhundert herausarbeiten.

- Wortliste kopieren
- Lesen Sie sich die Begriffe vor Beginn der Stunde durch und schlagen Sie in der Phase der Einzel- und Gruppenarbeit unbekannte Wörter in einem Lexikon nach.

Journalisten, Wissenschaftler und die Gesellschaft für deutsche Sprache haben kurz vor der Jahrhundertwende (1999) „100 Wörter des 20. Jahrhunderts“ ausgewählt, die die 100 Jahre anschaulich beschreiben.
Die Schüler erhalten die Wortliste. In Einzelarbeit sollen zunächst die bekannten und unbekannten Wörter gekennzeichnet werden.
Dann werden fünf Gruppen gebildet. Jede Gruppe erhält 20 Wörter und versucht, möglichst viele zu erklären. Dazu werden keine Hilfsmittel genutzt. Die Ergebnisse werden als Kurzdefinitionen auf Plakate geschrieben.
Die Ergebnisse werden nacheinander präsentiert und kurz besprochen. Bei unbekannten Wörtern können die anderen Gruppen helfen oder in Nachschlagewerken suchen.

- Falls ein Internetanschluss zur Verfügung steht, übernimmt ein Schüler die Recherche bei den unbekannten Wörtern.
- Die Schüler können sich ca. 20 Minuten in der Schule bewegen und Personen nach den Wortbedeutungen befragen.

Falls am Ende der Doppelstunde noch Zeit verbleibt, können die Schüler versuchen, eine Liste mit den „10 Wörtern meines Lebens“ zu erstellen.

Internetanschluss

100 Wörter des 20. Jahrhunderts

Die „100 Wörter des 20. Jahrhunderts" wurden von Journalisten, Wissenschaftlern und der Gesellschaft für deutsche Sprache kurz vor der Jahrhundertwende (1999) ausgewählt.
Sie sollen die 100 Jahre zwischen 1900 und 2000 beschreiben.

AIDS – Antibiotikum – Apartheid – Atombombe – Autobahn – Automatisierung – Beat – Beton – Bikini – Blockwart – Bolschewismus – Camping – Comics – Computer – Demokratisierung – Demonstration – Demoskopie – Deportation – Design – Doping –

Dritte Welt – Drogen – Eiserner Vorhang – Emanzipation – Energiekrise – Entsorgung – Faschismus – Fernsehen – Film – Fließband – Flugzeug – Freizeit – Führer – Friedensbewegung – Fundamentalismus – Gen – Globalisierung – Holocaust – Image – Inflation –

Information – Jeans – Jugendstil – Kalter Krieg – Kaugummi – Klimakatastrophe – Kommunikation – Konzentrationslager – Kreditkarte – Kugelschreiber – Luftkrieg – Mafia – Manipulation – Massenmedien – Molotowcocktail – Mondlandung – Oktoberrevolution – Panzer – Perestroika – Pille –

Planwirtschaft – Pop – Psychoanalyse – Radar – Radio – Reißverschluss – Relativitätstheorie – Rock 'n' Roll – Satellit – Säuberung – Schauprozess – Schreibtischtäter – Schwarzarbeit – Schwarzer Freitag – schwul – Selbstverwirklichung – Sex – Soziale Marktwirtschaft – Single – Sport –

Sputnik – Star – Stau – Sterbehilfe – Stress – Terrorismus – U-Boot – Umweltschutz – Urknall – Verdrängung – Vitamin – Völkerbund – Völkermord – Volkswagen – Währungsreform – Weltkrieg – Wende – Werbung – Wiedervereinigung – Wolkenkratzer

Welche Wörter kennst du und was weißt du darüber?

Abkürzungen

7.–10. Klasse

45 min

evtl. Blankokärtchen

die Bedeutung von Abkürzungen kennenlernen

Die Zahl der Abkürzungen hat in den letzten Jahren vor allem im Bereich der Medien und der Computertechnik stark zugenommen.
Der Lehrer schreibt einige Abkürzungen, die auf dem Arbeitsblatt notiert sind, an die Tafel. Die Schüler sollen deren Bedeutung nennen.
Anschließend sammeln die Schüler in 3–4 Gruppen Abkürzungen. Sie werden auf Karten bzw. Blättern mit ihrer Bedeutung notiert.
Anschließend treten die Gruppen in einem Wettkampf gegeneinander an. Der Lehrer stellt der ersten Gruppe eine Abkürzung vor. Innerhalb einer vereinbarten Zeit muss die Gruppe die Lösung nennen. Bei richtiger Antwort wird ein Punkt für die Gruppe notiert. Bei einer falschen Antwort kommt die nächste Gruppe an die Reihe usw. Die Gruppe mit den meisten Punkten gewinnt.

- Die Schüler erstellen selbst in Gruppen Listen mit Abkürzungen, die dann untereinander ausgetauscht und gelöst werden sollen.
- Listen mit Emotion Tags, die Smileys darstellen, werden ausgesucht.

Als Hinführung zum Thema ist der Song „MfG“ der Band „Die Fantastischen Vier“ sehr hilfreich, Songtext u.a. unter http://www.lyricscrawler.com/song/86478.html
Beim Anhören können die Schüler einige Abkürzungen notieren und anschließend deren Bedeutung nennen.

Song „MfG“ der Band „Die Fantastischen Vier“, CD-Player, Songtext

Abkürzungen

Abk.
Abkürzung

ABS
Antiblockiersystem

Anm.
Anmerkung

BIOS
Basic Input/Output System

BMW
Bayerische Motoren-Werke

BPM
Beats per minutes

BSP
Bruttosozialprodukt

bzgl.
bezüglich

bzw.
beziehungsweise

CDU
Christlich Demokratische Union

CYL
see you later, bis später

d.h.
das heißt

DRK
Deutsches Rotes Kreuz

DSDS
Deutschland sucht den Superstar

DVD
Digital Versatile Disc

DVB-T
Digital Video Broadcasting Terrestrial

DND
Do not disturb
Nicht stören

EDV
Elektronische Datenverarbeitung

FAQ
frequently asked questions
häufig gestellte Fragen

Fg
fat grin
fettes Grinsen

FCKW
Fluorchlorkohlenwasserstoff

ggf.
gegebenenfalls

GmbH
Gesellschaft mit beschränkter Haftung

GZSZ
Gute Zeiten, schlechte Zeiten

HBF
Hauptbahnhof

hdgdl
Hab dich ganz doll lieb

HIV
Human Immunodeficiency Virus

ICE
InterCityExpress

KFZ
Kraftfahrzeug

LAN
Local Area Network

lol
laughing out loud
lautes Lachen

MFG
Mit freundlichen Grüßen

MP3
MPEG Audio Layer 3

PDF
Portable Document Format
Dateiformat

SMS
Short Message Service

thx
thanks, Danke

TÜV
Technischer Überwachungs-verein

u. U.
unter Umständen

USA
United States of America

vgl.
vergleiche

VoIP
Voice over IP
Telefonieren über ein Computernetzwerk

WG
Wohngemeinschaft

Anglizismen

8.–10. Klasse

45 min

Arbeitsblatt für jeden Schüler, Englisch-Wörterbuch, Nachschlagewerke, evtl. Internetzugang

Arbeitsblatt kopieren

Der Lehrer gibt zunächst eine Einführung in das Thema und die Problematik „Anglizismen". Sollten englischsprachige Begriffe in die deutsche Sprache übersetzt werden? Wo sind englische Wörter sinnvoll und wo sollten sie vermieden werden? Jugendliche werden mit den englischen Sprachneuschöpfungen groß. Für sie sind sie selbstverständlich. Das sollten Sie im problematisierten Gespräch beachten.
Die Schüler erhalten das Arbeitsblatt und diskutieren die bereits notierten Übersetzungen. In Einzelarbeit versucht nun jeder Schüler, für die anderen Anglizismen neue verständliche Begriffe zu finden. Die Ergebnisse werden vorgestellt und verglichen.
Bei verbleibender Zeit können weitere Anglizismen und Übersetzungsvorschläge notiert werden.

- An der Tafel wird eine Pro- und Kontra-Liste erstellt.
- Die Gruppen erhalten unterschiedliche Anglizismen und nennen bei der Vorstellung nur die deutsche Übersetzung. Die anderen raten dann den Originalbegriff.

Verein Deutsche Sprache e.V. (http://www.vds-ev.de/anglizismenindex)

Anglizismen – Sag es deutsch!

Es gibt immer mehr englische Begriffe im Deutschen. Viele Menschen, die kein Englisch sprechen, haben somit Probleme bei der Verständigung. Sprachkritiker behaupten sogar, dass die deutsche Sprache bedroht werde, und fordern daher, die sogenannten Anglizismen durch deutsche Wörter zu ersetzen. Hier findest du zunächst ein paar Übersetzungsversuche von englischen Begriffen. Ob die wirklich gelungen sind?

Versucht einmal selbst, Übersetzungen der restlichen Begriffe zu finden, und diskutiert eure Ergebnisse.

Laptop	Klappcomputer
Beamer	Projektor
Flyer	Flugblatt
online	verbunden
Backup	Datensicherung
live	in Echtzeit
relaxen	entspannen
Joystick	Steuerknüppel
Model	Modevorführerin

Human Resource Manager	Personalchef
Computer	Rechner
Joke	Scherz
Made in Germany	deutsches Erzeugnis
Event	Veranstaltung
Lifestyle	Lebensstil
Internet	Weltnetz
Meeting	Besprechung
Airbag	Prellkissen

anturnen	
Backstage	
Beamer	
canceln	
Casting	
Chat	
Container	
Cookie	
cool	
Dialer	
Display	
downloaden	
E-Mail	
Freeware	

Mainstream	
Mobbing	
Make-up	
Player	
Recycling	
Shop	
Service	
Stalker	
stylen	
Standing Ovations	
Team	
Trainer	
Trend	

Weitere Anglizismen und Übersetzungsvorschläge:

Autokennzeichen

5.–7. Klasse

45 min

Arbeitsblatt für jeden Schüler, Straßenkarte bzw. Atlas, Deutschlandkarte

- Gedächtnis trainieren
- spielerische Deutschlanderkundung

Arbeitsblatt kopieren

Der Lehrer spricht zunächst mit den Schülern darüber, welche Autokennzeichen sie bereits kennen und wo sie diese gesehen haben. Anschließend wird das Arbeitsblatt verteilt. In Einzelarbeit soll sich jeder Schüler so viele Autokennzeichen merken, wie er kann.
In einem Quiz treten mehrere Teams gegeneinander an. Der Lehrer schreibt das Kennzeichen an die Tafel. Die erste Mannschaft berät sich über die Lösung und gibt diese bekannt. Bei richtiger Antwort erhält die Mannschaft einen Punkt. Bei einer falschen Antwort setzt die nächste Mannschaft die Raterunde fort. Die Mannschaft mit den meisten Punkten gewinnt.
Nach jeder richtigen Antwort wird kurz erläutert, wo der Ort bzw. Kreis geografisch einzuordnen ist, und er wird gemeinsam auf einer Deutschlandkarte gesucht.

Nach der Merkrunde werden die Arbeitsblätter zugedeckt. Nun soll jeder Schüler so viele Kennzeichen notieren, wie er kann.

- Zum Einprägen der Autokennzeichen sind Merksätze oder Eselsbrücken hilfreich (AC=Absolut Cool). Die Schüler können solche Merksätze selbst erfinden. Sie können durchaus lustig, sollten aber nicht beleidigend sein.
- Neben dem Training der Merkfähigkeit sollen die Schüler mithilfe der Autokennzeichen eine gedankliche Rundreise durch Deutschland unternehmen. Sie beginnen im Süden oder Norden und nennen die bekannten Kennzeichen. Falls Schüler schon einmal an dem genannten Ort waren, können sie ein wenig darüber berichten.

Autokennzeichen

(eine Auswahl)

A	Augsburg
AB	Aschaffenburg
AC	Aachen
AK	Altenkirchen Westerwald
AM	Amberg
AÖ	Altötting
AW	Ahrweiler
AZ	Alzey-Worms
B	Berlin
BAD	Baden-Baden
BAR	Barnim
BB	Böblingen
BIR	Birkenfeld/Nahe
BN	Bonn
BO	Bochum
BOT	Bottrop
BRB	Brandenburg
	Bautzen
C	Chemnitz
CB	Cottbus
CE	Celle
CO	Coburg
COE	Coesfeld
D	Düsseldorf
DBR	Bad Doberan
DD	Dresden
DH	Dillingen
E	Essen
EA	Eisenach
EF	Erfurt
EI	Eichstätt
EMD	Emden
ER	Erlangen
ERH	Erlangen-Höchstadt
ERZ	Erzgebirgskreis
EU	Euskirchen
F	Frankfurt am Main
FD	Fulda
FDS	Freudenstadt
FF	Frankfurt/Oder
FFB	Fürstenfeldbruck
FL	Flensburg
FÜ	Fürth und Kreis
G	Gera
GAP	Garmisch-Partenkirchen
GE	Gelsenkirchen
GI	Gießen
GÖ	Göttingen
GR	Görlitz
GT	Gütersloh
GTH	Gotha
GZ	Günzburg
H	Hannover
HA	Hagen
HAL	Halle
HBN	Hildburghausen
HE	Helmstedt
HEF	Hersfeld-Rotenburg
HEI	Dithmarschen
HER	Herne
HG	Hochtaunuskreis
HGW	Hansestadt Greifswald
HH	Hansestadt Hamburg
HI	Hildesheim
HL	Hansestadt Lübeck
HOL	Holzminden
HS	Heinsberg
HSK	Hochsauerlandkreis
HWI	Hansestadt Wismar
HX	Höxter
K	Köln
KA	Karlsruhe
KEH	Kelheim
KF	Kaufbeuren
KG	Bad Kissingen
KH	Bad Kreuznach
KL	Kaiserslautern
KLE	Kleve
KN	Konstanz
KO	Koblenz
KT	Kitzingen
KU	Kulmbach
KUS	Kusel
KYF	Kyffhäuserkreis
M	München
MA	Mannheim
MB	Miesbach
MD	Magdeburg
MG	Mönchengladbach
MIL	Miltenberg
MK	Märkischer Kreis
MKK	Main-Kinzig-Kreis
MM	Memmingen
MS	Münster
MST	Mecklenburg-Strelitz
MTK	Main-Taunus-Kreis
MYK	Mayen-Koblenz
MZG	Merzig-Wadern
OA	Oberallgäu
OAL	Ostallgäu
OH	Ostholstein
OHZ	Osterholz-Scharmbeck
OL	Oldenburg
OPR	Ostprignitz-Ruppin
OS	Osnabrück
OVP	Ostvorpommern
R	Regensburg
RA	Rastatt
RD	Rendsburg-Eckernförde
RH	Roth
RO	Rosenheim
RS	Remscheid
RT	Reutlingen
RÜG	Rügen
RV	Ravensburg
RW	Rottweil
S	Stuttgart
SAD	Schwandorf
SB	Saarbrücken
SDL	Stendal
SFA	Soltau-Fallingbostel
SG	Solingen
SHA	Schwäbisch Hall
SHK	Saale-Holzland-Kreis
SHL	Suhl
SLF	Saalfeld-Rudolstadt
SLK	Salzlandkreis
SLS	Saarlouis
SM	Schmalkalden-Meiningen
SN	Schwerin
SO	Soest
SON	Sonneberg
SP	Speyer
SR	Straubing
ST	Steinfurt
STA	Starnberg
SÜW	Südliche Weinstraße
SW	Schweinfurt
SZ	Salzgitter
TBB	Main-Tauber-Kreis
TDO	Nordsachsen
TF	Teltow-Fläming
TIR	Tirschenreuth
TS	Traunstein
TÜ	Tübingen
W	Wuppertal
WAF	Warendorf
WAK	Wartburgkreis
WB	Wittenberg
WE	Weimar
WHV	Wilhelmshaven
WI	Wiesbaden
WOB	Wolfsburg
WTM	Wittmund
WÜ	Würzburg
WW	Westerwaldkreis
Z	Zwickau
ZW	Zweibrücken

Begrüßungsrituale

7.–10. Klasse

45 min

Arbeitsblatt für jeden Schüler

- Begrüßungsrituale kennenlernen
- die Bedeutung der Rituale hinterfragen
- Grenzen wahrnehmen und achten

Arbeitsblatt kopieren

Der Lehrer stellt das Thema der Stunde „Begrüßungsrituale" vor. Mehrere Zweiergruppen werden eingeladen, vor der Klasse übliche Begrüßungsrituale vorzuspielen.
In mehreren Kleingruppen sollen die Schüler sich mithilfe des Arbeitsblattes in die verschiedenen länder- und kulturspezifischen Ausdrucksformen einarbeiten, diese durchspielen und sich über die vorgegebenen Fragen unterhalten.
Die Gesprächsergebnisse werden im Plenum vorgestellt und diskutiert.

- Einstieg: Die verschiedenen Begrüßungsarten werden in doppelter Anzahl kopiert, ausgeschnitten und verteilt. Die identischen Zettelinhaber müssen sich nun finden und in der vorgegebenen Form begrüßen, möglichst ohne zu sprechen. Anschließend werden die Zettel neu gemischt und verteilt. Das geschieht mehrmals hintereinander, sodass jeder Schüler mehrere Begrüßungsrituale kennenlernt. Anschließend wird die Stunde wie oben beschrieben in Gruppen fortgesetzt.
- Die Begrüßungsrituale werden ergänzt durch andere länderspezifische Rituale (z.B. bei Mahlzeiten).

Schüler mit Wurzeln in anderen Kulturen können das Thema bereichern, indem sie über weitere Rituale berichten.

Begrüßungsrituale

Wenn sich Menschen begegnen, begrüßen sie sich mit unterschiedlichen körperlichen Gesten. Die Begrüßungsrituale sind Kultur- und Zeiterscheinungen und modischen Wandlungen unterworfen.

Abklatschen: Die Handflächen werden aneinandergeschlagen. Gelegentlich mit der Aufforderung „Gimme five" oder „Gib mir die 5". In erweiterter Form berühren sich erst die Handflächen, anschließend die Hände als Fäuste und zum Abschluss wird mit den Fingern geschnipst.

Handschlag: Die Begegnenden geben und drücken sich die Hand. Die Intensität kann unterschiedlich sein: kurz, lang, schlaff, intensiv, mit Schütteln.

Umarmung: Meist ist die Umarmung verbunden mit einem (angedeuteten) Kuss auf die rechte und linke Wange. Die Umarmung kann aber auch unterschiedliche Anlässe haben (Verabschiedung, Trauer, Wiedersehen nach langer Zeit). Der angedeutete Wangenkuss (Akkolade) zur Begrüßung ist besonders in Frankreich, Spanien und in vielen osteuropäischen Ländern üblich.

Weitere Begrüßungsrituale aus anderen Ländern und Kulturen

In **Belgien/Niederlande** begrüßen sich die Menschen mit einer Umarmung und drei Küssen – abwechselnd auf die linke und rechte Wange.

In vielen **Ländern Lateinamerikas** begrüßen sich die Menschen mit Handschlag, Umarmung, Wangenkuss und wiederholtem Händeschütteln und Auf-die-Schulter-Klopfen.

In der **Türkei** ist der türkische Handkuss üblich: Die Hand des anderen wird erst an die Lippen und dann an die Stirn geführt.

In **Japan** begrüßen sich die Menschen mit einer Verbeugung. Körperlicher Kontakt wird vermieden.

In **Nigeria** werden zur Begrüßung die Hände gefasst und mit einem Ruck getrennt, sodass sie mit Daumen und Fingern schnalzen.

Bei engen Freunden oder Verwandten werden in **Marokko** die Wangen gestreichelt und geküsst.

Die Ureinwohner Neuseelands (Maoris) begrüßen sich mit einer Umarmung und dem Wort „Hongi". Dabei werden die Nasenspitzen bei geschlossenen Augen und einem tiefstimmigen „Mmmm" aneinandergerieben.

Die **Polynesier** streicheln mit den Händen des anderen über das eigene Gesicht

Hindus in **Indien** und in vielen **Ländern Asiens** legen die Handinnenflächen in Herznähe an die Brust und beugen leicht den Kopf.

Mongolen, Malayen, Birmanen und Lappen riechen sich gegenseitig an den Wangen und berühren und reiben sich mit den Nasen.

Eskimos reiben bei der Begrüßung die Nasen aneinander.

In vielen **orientalischen Ländern** streichen die Menschen bei der Begrüßung bei sich selbst mit der rechten Hand von der Stirn bis zum Bauchnabel.

Der Friedensgruß der **Indianer** ist die erhobene, offene rechte Hand.

Schaut euch in Kleingruppen die unterschiedlichsten Begrüßungsrituale an und spielt sie nach.
Sprecht über folgende Fragen:

- Was will man mit den Gesten ausdrücken?
- Wie begrüßt du deine Freunde?
- Welche Begrüßungsformen sind für dich angenehm bzw. unangenehm?
- Können sie zur Routine werden oder sogar Grenzen überschreiten?
- Warum gibt es wohl Begrüßungsrituale?

Charts

8.–10. Klasse

45 min

Arbeitsblatt, evtl. CD-Player, Internetzugang und DVD-Player

- Musikdaten kennenlernen
- persönliche Hitliste erstellen
- Wissen über Musiker erlangen und vertiefen

Arbeitsblatt kopieren

Die Schüler raten, welche Musiker die weltweit meisten Alben verkauft haben.

Gemeinsam werden die auf dem Arbeitsblatt vorgestellten Daten gelesen und besprochen. Dabei berichten die Schüler, welche der vorgestellten Musiker und Songs sie kennen.
Lassen Sie die Schüler raten, warum aktuelle Künstler nicht dazugehören (Verbreitung von CD-Brennern, Raubkopien, Downloads, Webclips) und warum viele Interpreten aus den 80er- und 90er-Jahren dabei sind (Erfindung des CD-Players in den 80er-Jahren).

In Einzelarbeit erstellt jeder Schüler anschließend seine persönliche Top-10-Hitliste.
Dann werden 10 Gruppen gebildet, in denen jeder seine Liste vorstellt. Jede Gruppe einigt sich auf einen Superstar.
Das Ergebnis aller Gruppen wird an der Tafel zusammengetragen.

- Falls die technischen Möglichkeiten gegeben sind, kann die Unterrichtsstunde mit dem Hören eines Musiktitels beginnen.
- Wenn Sie die Möglichkeit haben, können Sie den Schülern auch bekannte Songs der erfolgreichsten Bands/Musiker vorspielen, die sie evtl. gar nicht kennen, wie z.B. Pink Floyd.
- Die meisten Titel finden sich auch als Webclips auf den Videoportalen (YouTube, MyVideo, Clipfish u.a.). Bei verfügbarem Internetzugang kann das Gespräch auch auf die Bedeutung der Musikvideos kommen.

- Musik ist Geschmackssache – das sollte beim Unterrichtsgespräch deutlich werden.
- Auch die Lehrperson sollte sich mit ihrem persönlichen Musikgeschmack einbringen.
- Informationen über die Musiker finden sich etwa auf der Internetseite www.laut.de.

Charts und meine persönliche Hitliste

Die meistverkauften Alben der Welt

1. Michael Jackson „Thriller" (1982 – ca. 105 Mio.)
2. AC/DC „Back in Black" (1980 – ca. 45 Mio.)
3. The Eagles „Greatest Hits 1971–75" (1976 – ca. 42 Mio.)
4. Whitney Houston „The Bodyguard" (1992 – ca. 42 Mio.)
5. Backstreet Boys „Millenium" (1999 – ca. 40 Mio.)
6. The Bee Gees „Saturday Night Fever" (1977 – ca. 40 Mio.)
7. Pink Floyd „The dark side of moon" (1973 – ca. 40 Mio.)
8. Shania Twain „Come on over" (1997 – ca. 39 Mio.)
9. Meat Loaf „Bat out of hell" (1977 – ca. 37 Mio.)
10. The Beatles „Sgt. Peppers Lonely Hearts Club Band" (1967 – ca. 32 Mio.)

Die meistverkauften Platten weltweit 2008

1. Coldplay „Viva la Vida …"
2. AC/DC „Black Ice"
3. Film-Soundtrack „Mamma Mia!"
4. Duffy „Rockferry"
5. Metallica „Death Magnetic"
6. Leona Lewis „Spirit"
7. Amy Winehouse „Back to Black"
8. Film-Soundtrack „High School Musical 3"
9. Lil Wayne „Tha Carter III"
10. Rihanna „Good Girl gone Bad"

Weitere Rekorde

- Elvis Presley hatte die meisten Nummer-1-Hits (21) und 76 Top-10-Hits.
- Elvis hatte auch die meisten Hit-Singles: 151 mal in den Top 100 Charts USA.
- Die erfolgreichste Band sind The Beatles.
- Die erfolgreichste Künstlerin ist Madonna und erfolgreichste Girl-Band sind die Spice Girls.
- Die meistverkaufte Single ist „Candle in the Wind" von Elton John (1997).
- Cliff Richard hatte insgesamt 122 Top-40-Hits (21 Mio.).
- Das bestverkaufte Rock-Konzept-Album stammt von Pink Floyd („The Wall").
- Die meisten Platin-Alben in den USA hatten Led Zeppelin (81).
- Das teuerste Rockalbum stammt von Bob Dylan („The Freewheelin-Bob"). Es gab nur zwei Alben zu einem Preis von jeweils 54 000 DM.
- Am längsten in den Top-40 war Frank Sinatra mit dem Titel „My Way" (75 Wochen von 1969 bis 1971).
- Bryan Adams war mit dem Titel „Everything I Do" am längsten auf Platz 1, und zwar 16 Wochen (1991).

(alle Angaben ohne Gewähr)

Meine persönliche Hitliste

1.
2.
3.
4.
5.
6.
7.
8.
9.
10.

Die deutschen Bundesländer

5.–10. Klasse

45 min

Arbeitsblatt, Nachschlagewerk, Atlas

die deutschen Bundesländer mit Namen, Lage und ihren Hauptstädten kennen

Arbeitsblatt kopieren, evtl. auf Folie ziehen

Die Schüler sollen zu zweit versuchen, aus dem Kopf eine Deutschlandkarte mit den Bundesländern zu zeichnen. Anschließend erhalten sie das Arbeitsblatt, um ihre Malversuche mit der richtigen Karte zu vergleichen.
Die eigentliche Aufgabe, die die Schüler einzeln bearbeiten, besteht darin, die Namen den auf der Karte eingezeichneten Bundesländern zuzuordnen und die entsprechenden Hauptstädte zu finden. Die Ergebnisse werden anschließend vorgetragen.
Es folgt ein Unterrichtsgespräch, bei dem die folgenden Fragen hilfreich sein können:
In welchem Bundesland warst du schon einmal? Was ist typisch für die Natur? Welche Bräuche gibt es in dem Bundesland? Welcher Fluss fließt durch das Bundesland? Welchen Dialekt sprechen die Menschen? Kennst du Menschen oder auch Persönlichkeiten, die aus einem bestimmten Bundesland kommen?
In der nächsten Phase sollen sich die Schüler die Daten einprägen.
Ein Quiz am Ende der Stunde festigt das Erlernte. Dazu nennen Sie Bundesländer und die Schüler sollen die Hauptstadt dazu nennen oder andersherum. Sie können auch noch einmal die Karte verwenden.

Legen Sie das Arbeitsblatt als Folie auf und suchen Sie gemeinsam nach der Lösung.

Das erfahrungsorientierte Unterrichtsgespräch führt zu einem effektiveren Lernprozess, weil die Schüler mit den einzelnen Bundesländern eigene Erfahrungen verknüpfen.

Arbeitsblatt auf Folie

Lösung:

Nr.	Bundesland	Hauptstadt
2	Baden-Württemberg	Stuttgart
1	Bayern	München
13	Berlin	Berlin
12	Brandenburg	Potsdam
8	Bremen	Bremen
9	Hamburg	Hamburg
5	Hessen	Wiesbaden
11	Mecklenburg-Vorpommern	Schwerin
7	Niedersachsen	Hannover
6	Nordrhein-Westfalen	Düsseldorf
3	Rheinland-Pfalz	Mainz
4	Saarland	Saarbrücken
16	Sachsen	Dresden
14	Sachsen-Anhalt	Magdeburg
10	Schleswig-Holstein	Kiel
15	Thüringen	Erfurt

Die deutschen Bundesländer und ihre Hauptstädte

Nr.	Bundesland	Hauptstadt
	Baden-Württemberg	
	Bayern	
	Berlin	
	Brandenburg	
	Bremen	
	Hamburg	
	Hessen	
	Mecklenburg-Vorpommern	
	Niedersachsen	
	Nordrhein-Westfalen	
	Rheinland-Pfalz	
	Saarland	
	Sachsen	
	Sachsen-Anhalt	
	Schleswig-Holstein	
	Thüringen	

Hauptstädte der Bundesländer:

- Berlin
- Bremen
- Dresden
- Düsseldorf
- Erfurt
- Hamburg
- Hannover
- Kiel
- Magdeburg
- Mainz
- München
- Potsdam
- Saarbrücken
- Schwerin
- Stuttgart
- Wiesbaden

Schaue dir zunächst die Karte an und trage die entsprechende Zahl in die Liste ein.
Notiere zu jedem Bundesland die Hauptstadt.

Deutschland-Quiz

7.–10. Klasse

45 min

Arbeitsblatt, Nachschlagewerke, evtl. Internetzugang

- Deutschland kennenlernen
- Wissen überprüfen und aktualisieren

Arbeitsblatt kopieren

Es spielen zwei Mannschaften gegeneinander. Der Lehrer stellt einer Mannschaft eine Frage. Bei einer falschen Antwort wird die Frage an das andere Spielteam weitergegeben. Weiß auch das andere Team die Antwort nicht, erhält das erste Team erneut die Möglichkeit, richtig zu raten. Für jede richtige Antwort gibt es einen Punkt. Bei einigen Fragen sind mehrere Antworten richtig. Den Punkt bekommt eine Mannschaft nur, wenn sie die Frage komplett richtig beantwortet.
Das Team mit den meisten Punkten hat gewonnen.
Der Lehrer erläutert im Unterrichtsgespräch jeweils kurz die richtigen Antworten.
Für eine zweite Runde bereiten die zwei Gruppen eigene Fragen und Antwortmöglichkeiten vor, indem sie auf ihr Vorwissen zurückgreifen.

Jede Gruppe hat eine festgelegte Zahl an Jokern zu Verfügung, mit deren Einsatz die Mannschaft bei der Lösungssuche helfen kann.

Es sollten möglichst viele Informationsquellen (Nachschlagewerke, Internet) zur Verfügung stehen, um die Antworten zu überprüfen und zu erläutern.

Lösungen:
1d / 2c /3c / 4acd / 5a / 6bce/ 7a / 8b / 9a / 10be /
11c / 12b / 13a / 14a / 15b / 16d / 17c / 18a / 19c / 20a /
21b / 22a / 23b / 24acde / 25c / 26a / 27b / 28b / 29ab / 30b /
31e / 32a / 33 Männer b / Frauen c / 34a / 35c / 36c / 37b / 38c / 39b / 40b /
41a / 42a / 43d / 44abe / 45acd / 46c / 47b / 48c / 49a / 50c /
51b / 52acdf / 53b / 54ac / 55a / 56b / 57c / 58c / 59a / 60ab /
61a / 62b / 63b / 64c / 65c / 66b / 67a / 68a / 69d / 70a

Deutschland-Quiz

1. In welchem Bundesland liegt die Stadt Bochum?
a. Rheinland-Pfalz
b. Hessen
c. Sachsen
d. Nordrhein-Westfalen

2. Wie viele Bundesländer gibt es in Deutschland?
a. 14
b. 15
c. 16
d. 17

3. Wie heißt die Hauptstadt Deutschlands?
a. München
b. Hamburg
c. Berlin
d. Köln

4. Welche drei Städte sind auch Bundesländer?
a. Bremen
b. Dresden
c. Hamburg
d. Berlin
e. Hannover
f. Kiel

5. Welche Farben hat die deutsche Flagge?
a. schwarz-rot-gold
b. rot-gelb-schwarz
c. gelb-blau-grün
d. schwarz-rot-gelb

6. Welche Länder haben eine Grenze zu Deutschland?
a. Italien
b. Österreich
c. Polen
d. England
e. Frankreich
f. Andorra

7. Wann wurde der Bau der Berliner Mauer abgeschlossen?
a. 13. August 1961
b. 8. Mai 1945
c. 17. Juni 1953
d. 24. Dezember1956

8. Wie viele Einwohner gibt es in Deutschland?
a. ca. 71 Millionen
b. ca. 82 Millionen
c. ca. 93 Millionen
d. ca. 101 Millionen

9. Wie groß ist Deutschland?
a. 357 000 km²
b. 544 000 km²
c. 506 000 km²
d. 1023.000 km²

10. In welchen anderen Ländern spricht man Deutsch?
a. Dänemark
b. Österreich
c. England
d. Niederlande
e. Schweiz
f. Ungarn

11. Wie lautet das KFZ-Kennzeichen für Deutschland?
a. DEU
b. GER
c. D
d. DE

12. Wie lang ist der Rhein?
a. 870 km
b. 1 320 km
c. 2 705 km
d. 350 km

13. Wie heißt der höchste Berg Deutschlands?
a. das Fichtelgebirge
b. die Zugspitze
c. der Monte Rosa
d. der Vesuv

14. Welcher Vogel ist auf dem Wappen Deutschlands abgebildet?
a. Adler
b. Habicht
c. Schwan
d. Seeadler

15. Von welchem Philosophen stammt der Satz „Gott ist tot!“?
a. Immanuel Kant
b. Friedrich Nietzsche
c. Friedrich Hegel
d. Ludwig Wittgenstein

16. Welches Gericht ist nicht typisch deutsch?
a. Handkäs mit Musik
b. Weißwürste
c. Rheinischer Sauerbraten
d. Tortellini

17. Welches Getränk kommt aus Deutschland?
a. Rum
b. Espresso
c. Moselwein
d. Champagner

18. Wann wurde der Dichter Johann Wolfgang von Goethe geboren?
a. 1749
b. 1849
c. 1949
d. 1649

19. Wie heißen die Regierungschefs der Bundesländer?
a. Oppositionsführer
b. Staatssekretäre
c. Ministerpräsidenten
d. Innenminister

20. Wie heißt das nördlichste deutsche Bundesland?
a. Schleswig-Holstein
b. Saarland
c. Niedersachsen
d. Thüringen

21. Magdeburg ist die Landeshauptstadt von …
a. Sachsen
b. Sachsen-Anhalt
c. Thüringen
d. Hessen

22. Wie heißt das höchste Gebirge Deutschlands?
a. Alpen
b. Erzgebirge
c. Bayerischer Wald
d. Erbeskopf

23. Welches Auto war in der DDR weitverbreitet?
a. Renault
b. Trabbi
c. VW

24. Welche Städte in Deutschland haben mehr als eine Million Einwohner?
a. Berlin
b. Stuttgart
c. Hamburg
d. Köln
e. München
f. Frankfurt

25. Mit der Vorwahl 0651 erreicht man einen Teilnehmer in …
a. Koblenz
b. Mainz
c. Trier
d. Berlin

26. Welche Stadt nennt man „Millionendorf“?
a. München
b. Hamburg
c. Köln
d. Frankfurt

27. Wie hieß der erste Bundeskanzler Deutschlands?
a. Willy Brandt
b. Konrad Adenauer
c. Gerhard Schröder
d. Johann Wolfgang von Goethe

28. In welchem Bundesland gibt es Schweinshaxe als Spezialität?
a. Hessen
b. Bayern
c. Niedersachsen
d. Sachsen

29. Welche bekannten Sportler kommen aus Deutschland?
a. Boris Becker
b. Uwe Seeler
c. Christiano Ronaldo
d. Pelé

30. Welches Werk wurde nicht von Goethe geschrieben?
a. Faust
b. Die Räuber
c. Prometheus
d. Die Bibel

31. Wer gehört nicht zu den Siegern von DSDS?
a. Alexander Klaws
b. Mark Medlock
c. Thomas Godoj
d. Elli Erl
e. Roger Cicero

32. Wie hoch ist die durchschnittliche Kinderzahl je Frau in Deutschland?
a. 1,4
b. 3,2
c. 1,9
d. 2,2

33. Wie hoch ist die durchschnittliche Lebenserwartung der Deutschen?

Männer:		Frauen:	
a.	65	a.	68
b.	76	b.	72
c.	81	c.	82
d.	85	d.	89

34. Welcher ist der Kinofilm mit den meisten Besuchern?
   a. Das Dschungelbuch
   b. Fluch der Karibik
   c. Keinohrhasen
   d. Harry Potter und der Stein der Weisen

35. Wann endete der Zweite Weltkrieg?
   a. 11. November 1945
   b. 12. März 1945
   c. 8. Mai 1945
   d. 7. Dezember1945

36. Wann fiel die Berliner Mauer?
   a. 1. Januar 1989
   b. 3. Oktober 1989
   c. 9. November 1989
   d. 11. November 1989

37. Die wievielte Fußballweltmeisterschaft der Herren fand 2006 in Deutschland statt?
   a. 17.
   b. 18.
   c. 19.
   d. 20.

38. Wie viele McDonals-Filialen gibt es in Deutschland?
   a. 2111
   b. 528
   c. 1333
   d. 5234

39. Wann ist der Tag der Deutschen Einheit?
   a. 17. Juni
   b. 3. Oktober
   c. 11. November
   d. 12. August

40. In welchem Jahr erschienen erstmals die „Kinder- und Hausmärchen" der Gebrüder Grimm?
   a. 1745
   b. 1812
   c. 1905

41. Wie heißt der größte See Deutschlands?
   a. Müritz
   b. Chiemsee
   c. Wannsee

42. Welches ist das ertragreichste Hopfenanbaugebiet der Welt?
   a. Hallertau/Holledau
   b. Schwarzwald
   c. Franken

43. Welche ist die auflagenstärkste Zeitung Deutschlands?
   a. Die Welt
   b. Frankfurter Allgemeine
   c. Süddeutsche Zeitung
   d. Bild

44. Wer dieser deutschen Schriftsteller erhielt einen Nobelpreis für Literatur?
   a. Heinrich Böll
   b. Thomas Mann
   c. Patrick Süskind
   d. Friedrich Schiller
   e. Günter Grass

45. Welche der genannten Namen sind deutsche Inseln?
   a. Usedom
   b. Lübeck
   c. Neuwerk
   d. Hiddensee
   e. Stettin

46. Wie viel Prozent der Staatsfläche ist bewaldet?
   a. ca. 10%
   b. ca. 20%
   c. ca. 30%

47. Wer ist das Staatsoberhaupt der Bundesrepublik Deutschland?
   a. Bundeskanzler
   b. Bundespräsident
   c. Ministerpräsident

48. Zu welcher Partei gehört die Jugendorganisation „Junge Union"?
   a. SPD
   b. FDP
   c. CDU/CSU

49. Zu welcher Partei gehört die Jugendorganisation „Jusos"?
   a. SPD
   b. FDP
   c. CDU/CSU

50. Seit wann haben Frauen uneingeschränkten Zugang zum Dienst in der Bundeswehr?
   a. 1980
   b. 1997
   c. 2001

51. Zu welchem Reich gehörten die heute deutschen Gebiete links des Rheins und südlich der Donau bis 500 n. Chr.?
   a. zum Germanischen Reich
   b. zum Römischen Reich
   c. zum Reich der Habsburger

52. Welche waren die vier Besatzungsmächte, die Deutschland nach dem Zweiten Weltkrieg besetzten?
   a. USA
   b. Österreich
   c. Frankreich
   d. England
   e. Polen
   f. Russland

53. Wie viel Prozent der Deutschen gehören einer christlichen Konfession an?
   a. ca. 45%
   b. ca. 65%
   c. ca. 85%

54. Welche dieser Maler sind Deutsche?
   a. Peter Paul Rubens
   b. Joan Miró
   c. Joseph Beuys
   d. Pablo Picasso

55. Welches ist die höchste Kirche der Welt?
   a. das Ulmer Münster
   b. die Berliner Gedächtniskirche
   c. der Kölner Dom

56. Wer komponierte die Melodie der deutschen Nationalhymne?
   a. Wolfgang Amadeus Mozart
   b. Joseph Haydn
   c. Ludwig van Beethoven

57. Wie viele Mitglieder hat der Deutsche Fußball-Bund?
   a. 800000
   b. 2 Mio.
   c. über 6 Mio.

58. Wer ist kein deutscher Fernsehmoderator?
   a. Oliver Geißen
   b. Günther Jauch
   c. Moritz Bleibtreu

59. Wie lautet der bürgerliche Name von Papst Benedikt XVI?
   a. Joseph Ratzinger
   b. Johannes Katzinger
   c. Georg Glatzinger

60. In welchen Jahren fanden die Olympischen Sommerspiele in Deutschland statt?
   a. 1936
   b. 1972
   c. 1974
   d. 1988

61. Welcher Autobauer hat seinen Firmensitz nicht in Deutschland?
   a. Fiat
   b. BMW
   c. Opel

62. Welcher deutsche Film hat einen Oscar gewonnen?
   a. Der bewegte Mann
   b. Das Leben der anderen
   c. Krabat

63. Welcher ist der größte deutsche Flughafen?
   a. München
   b. Frankfurt
   c. Berlin

64. Wofür steht die Abkürzung STASI?
   a. Stabilitätssicherung
   b. Staatssiedlungen
   c. Staatssicherheit

65. Wer war deutscher Kaiser?
   a. Napoleon
   b. Ludwig XIV.
   c. Wilhelm II.

66. Auf welchem Sender läuft „Wetten dass ...?"
   a. ARD
   b. ZDF
   c. RTL

67. Wer ist kein deutsches Topmodel?
   a. Franka Potente
   b. Julia Stegner
   c. Heide Klum

68. Wer ist der erfolgreichste Formel 1-Rennfahrer aller Zeiten?
   a. Michael Schumacher
   b. Ralf Schumacher
   c. Heinz Schumacher

69. Welche ist keine international erfolgreiche deutsche Band?
   a. Scorpions
   b. Rammstein
   c. Tokio Hotel
   d. Metallica

70. Welches ist der häufigste deutsche Nachname?
   a. Müller
   b. Huber
   c. Schneider
   d. Meier
   e. Schmidt

Europa

7.–10. Klasse

45 min

Arbeitsblatt, Atlas, Nachschlagewerk

europäische Länder und Hauptstädte spielerisch kennenlernen

Arbeitsblatt kopieren

Der Lehrer fragt zunächst, welche europäischen Länder die Schüler kennen und in welchen sie bereits gewesen sind.
Dann versucht ein Schüler aus dem Kopf Europa an die Tafel zu zeichnen. Die Klasse gibt Tipps und Hilfen. Dann wird das gemeinsame Bild mit einer richtigen Karte verglichen.
Anschließend erhalten sie das Arbeitsblatt und sollen in dem Kreuzworträtsel die 20 verborgenen Länder finden und farblich markieren. Die gefundenen Länder sollen sie dann den Städten zuordnen.
In einem Unterrichtsgespräch unterhalten sich die Schüler über die einzelnen Länder. Die folgenden Fragen können dabei hilfreich sein:

- In welchem Land bist du schon einmal gewesen?
- Was ist typisch für das Land?
- Welche Sprache wird dort gesprochen?
- Welche Sehenswürdigkeiten kennst du?

Jeder Schüler kann auch zunächst für sich versuchen, eine Europakarte zu zeichnen.

Falls Schüler in der Klasse sind, die aus einem der vorgestellten Länder stammen, können diese sich für ein Interview zur Verfügung stellen. Natürlich sollte die Bereitschaft dazu vorhanden sein.

Lösungen:
Amsterdam (Niederlande) – Athen (Griechenland) –
Belgrad (Serbien) – Berlin (Deutschland) –
Bern (Schweiz) – Budapest (Ungarn) –
Bukarest (Rumänien) – Dublin (Irland) –
Helsinki (Finnland) – Lissabon (Portugal) –
London (Großbritannien) – Madrid (Spanien) –
Oslo (Norwegen) – Paris (Frankreich) –
Riga (Lettland) – Rom (Italien) –
Stockholm (Schweden) – Tallinn (Estland) –
Vilnius (Litauen) – Warschau (Polen) –
Wien (Österreich) – Zagreb (Kroatien)

A	E	T	U	L	S	P	A	N	I	E	N	K	B	V	X	Y	Ö	R	T	Z	U	F	N	N
A	S	D	F	G	H	B	T	T	R	A	Q	W	E	D	F	D	I	T	A	L	I	E	N	D
D	G	H	N	I	E	D	E	R	L	A	N	D	E	G	R	Y	C	V	B	N	M	N	C	H
W	C	H	L	A	N	H	G	F	A	D	S	C	V	B	A	A	D	H	G	H	K	L	Ö	Ä
Y	A	S	D	F	T	Z	U	I	N	B	N	M	E	N	N	A	N	D	E	R	T	P	D	F
W	A	S	E	S	C	H	W	E	D	E	N	E	R	Z	K	F	D	E	F	G	H	O	J	K
B	V	N	M	Ä	A	R	K	I	T	A	L	V	B	N	R	S	D	U	N	G	A	R	N	D
E	Z	Ö	Q	R	D	J	E	R	N	O	R	W	E	G	E	N	E	T	D	F	Z	T	E	A
S	H	S	A	R	E	K	G	T	B	F	R	A	N	K	I	R	F	S	A	G	A	U	N	M
T	A	T	D	U	U	I	R	A	F	F	E	I	M	S	C	T	S	C	H	G	N	G	H	Y
L	C	E	G	M	T	Ö	S	T	E	R	R	E	I	C	H	H	D	H	R	P	D	A	U	W
A	V	L	J	Ä	C	U	N	A	A	F	E	S	S	A	G	D	G	L	F	O	S	L	C	I
N	G	I	H	N	H	A	D	S	N	V	D	S	X	F	E	G	V	A	G	L	E	B	H	N
D	H	T	Z	I	A	W	R	G	R	I	E	C	H	E	N	L	A	N	D	D	R	U	U	E
F	J	A	U	E	S	E	E	S	D	G	H	H	S	I	G	A	N	D	G	A	T	N	I	H
G	K	U	I	N	D	R	T	L	S	A	N	W	Q	K	Ä	F	S	E	R	B	I	E	N	O
H	T	E	M	E	R	K	U	E	A	R	I	E	Ä	I	F	G	J	I	T	D	K	D	D	U
J	E	N	K	N	T	A	I	T	P	N	F	I	N	N	L	A	N	D	A	F	R	S	F	S
A	N	B	L	B	P	C	K	T	O	J	H	Z	T	D	T	A	R	J	L	G	O	A	G	E
S	D	H	Ö	H	O	H	O	L	L	I	A	T	H	J	I	O	P	Ü	L	T	A	R	H	J
D	S	J	O	G	L	T	L	A	D	U	L	C	O	O	L	F	G	F	E	R	T	H	P	H
F	D	I	P	I	R	L	A	N	D	Z	L	E	A	O	Ö	D	S	A	T	E	I	J	O	A
T	T	O	O	A	E	O	O	D	I	T	O	W	E	T	U	I	P	Ü	L	W	E	Z	L	R
R	U	P	P	S	N	P	P	S	E	G	R	O	S	S	B	R	I	T	A	N	N	I	E	N
E	I	Ü	O	D	H	E	Ö	F	R	E	S	Ü	S	S	F	G	H	J	A	W	E	R	N	E

Europa

A	E	T	U	L	S	P	A	N	I	E	N	K	B	V	X	Y	Ö	R	T	Z	U	F	N	N
A	S	D	F	G	H	B	T	T	R	A	Q	W	E	D	F	D	I	T	A	L	I	E	N	D
D	G	H	N	I	E	D	E	R	L	A	N	D	E	G	R	Y	C	V	B	N	M	N	C	H
W	C	H	L	A	N	H	G	F	A	D	S	C	V	B	A	A	D	H	G	H	K	L	Ö	Ä
Y	A	S	D	F	T	Z	U	I	N	B	N	M	E	N	N	A	N	D	E	R	T	P	D	F
W	A	S	E	S	C	H	W	E	D	E	N	E	R	Z	K	F	D	E	F	G	H	O	J	K
B	V	N	M	Ä	A	R	K	I	T	A	L	V	B	N	R	S	D	U	N	G	A	R	N	D
E	Z	Ö	Q	R	D	J	E	R	N	O	R	W	E	G	E	N	E	T	D	F	Z	T	E	A
S	H	S	A	R	E	K	G	T	B	F	R	A	N	K	I	R	F	S	A	G	A	U	N	M
T	A	T	D	U	U	I	R	A	F	F	E	I	M	S	C	T	S	C	H	G	N	G	H	Y
L	C	E	G	M	T	Ö	S	T	E	R	R	E	I	C	H	H	D	H	R	P	D	A	U	W
A	V	L	J	Ä	C	U	N	A	A	F	E	S	S	A	G	D	G	L	F	O	S	L	C	I
N	G	I	H	N	H	A	D	S	N	V	D	S	X	F	E	G	V	A	G	L	E	B	H	N
D	H	T	Z	I	A	W	R	G	R	I	E	C	H	E	N	L	A	N	D	D	R	U	U	E
F	J	A	U	E	S	E	E	S	D	G	H	H	S	I	G	A	N	D	G	A	T	N	I	H
G	K	U	I	N	D	R	T	L	S	A	N	W	Q	K	Ä	F	S	E	R	B	I	E	N	O
H	T	E	M	E	R	K	U	E	A	R	I	E	Ä	I	F	G	J	I	T	D	K	D	D	U
J	E	N	K	N	T	A	I	T	P	N	F	I	N	N	L	A	N	D	A	F	R	S	F	S
A	N	B	L	B	P	C	K	T	O	J	H	Z	T	D	T	A	R	J	L	G	O	A	G	E
S	D	H	Ö	H	O	H	O	L	L	I	A	T	H	J	I	O	P	Ü	L	T	A	R	H	J
D	S	J	O	G	L	T	L	A	D	U	L	C	O	O	L	F	G	F	E	R	T	H	P	H
F	D	I	P	I	R	L	A	N	D	Z	L	E	A	O	Ö	D	S	A	T	E	I	J	O	A
T	T	O	O	A	E	O	O	D	I	T	O	W	E	T	U	I	P	Ü	L	W	E	Z	L	R
R	U	P	P	S	N	P	P	S	E	G	R	O	S	S	B	R	I	T	A	N	N	I	E	N
E	I	Ü	O	D	H	E	Ö	F	R	E	S	Ü	S	S	F	G	H	J	A	W	E	R	N	E

In dem Rätsel sind insgesamt 22 europäische Länder versteckt. Suche sie und markiere sie farblich. Anschließend schreibst du die Länder hinter die dazugehörigen Hauptstädte. Außerdem findest du bei genauer Suche noch den Namen einer englischen Sängerin. Viel Spaß!

HAUPTSTADT	LAND
Amsterdam	
Athen	
Belgrad	
Berlin	
Bern	
Budapest	
Bukarest	
Dublin	
Helsinki	
Lissabon	
London	

HAUPTSTADT	LAND
Madrid	
Oslo	
Paris	
Riga	
Rom	
Stockholm	
Tallinn	
Vilnius	
Warschau	
Wien	
Zagreb	

Filmscharade

5.–10. Klasse

45 min

Blätter bzw. Karten

berühmte Filme darstellen und erraten

Es gibt Filmhits aus Kino und Fernsehen, die Geschichte geschrieben haben und über Generationen bekannt sind (z.B. Titanic). In dieser Stunde sollen alte und aktuelle Filme erraten und beschrieben werden. Das geschieht allerdings nicht mit Worten, sondern mit dem Körper. Daher sollte bei der Auswahl darauf geachtet werden, dass die Begriffe auch pantomimisch darstellbar sind (z.B. „Dirty Dancing", „Das Schweigen der Lämmer", „Dschungelbuch", „Fluch der Karibik", „Keinohrhasen").
Zunächst erläutert der Lehrer die Regeln des Spiels.
In zwei Gruppen werden bekannte Filmtitel gesucht und jeweils auf einem Kärtchen notiert. Die Gruppe unterhält sich auch kurz über den Inhalt des Films.
Nun bekommt ein Spieler der gegnerischen Mannschaft eines der Kärtchen und versucht, der eigenen Mannschaft den Filmtitel pantomimisch darzustellen. Wenn das Team den Filmtitel erraten hat, wird zunächst kurz der Filminhalt erläutert.
Dann ist die andere Mannschaft an der Reihe.

Es können natürlich auch andere Begriffe erraten werden (z.B. Buchtitel, Gegenstände, Musiktitel).

- Weitere aktuelle Jugendfilme: „Die wilden Hühner", „Die wilden Kerle", „Krabat", „Tintenherz".
- In den unteren Klassenstufen kennen die Schüler eher Fernsehserien (z.B. „Sponge Bob", „Biene Maja", „Simpsons", „Star Trek"). Hier wäre auch ein Gespräch über die Sehgewohnheiten der Kinder sinnvoll.

Fingeralphabet

5.–10. Klasse

45–90 min

Arbeitsblatt, evtl. auf Folie

- das Fingeralphabet kennenlernen und einüben
- sensibel werden für das Sprechen mit den Händen

Arbeitsblatt kopieren oder auf Folie ziehen

Wenn wir keinen gemeinsamen Code haben, können wir uns nicht verständigen. Das erfahren wir etwa, wenn wir in einem Land sind, dessen Sprache uns fremd ist. Dann müssen wir mit Händen und Füßen reden. Aber auch im Alltag benutzen wir unsere Hände, um etwas ohne Sprache auszudrücken (z.B. der erhobene Zeigefinger oder Daumen, die Faust, das Tippen mit dem Zeigefinger an die Stirn oder der berühmte „Stinkefinger"). Die Schüler sollen zunächst solche Fingerzeichen vorstellen und darüber sprechen, was damit ausgedrückt wird und wann sie eingesetzt werden.
Bei dem Fingeralphabet kann man mithilfe der Hände die Schreibweise eines Wortes buchstabieren. Sie wird besonders von Hörgeschädigten benutzt.
Das auf dem Arbeitsblatt abgebildete Fingeralphabet wird von den Schülern zunächst in Gruppen genauer betrachtet und eingeübt. Schrittweise können sie damit experimentieren, einzelne Wörter, ihre Namen und sogar ganze Sätze „sprechen".
Die Ergebnisse werden am Schluss dem ganzen Gremium präsentiert. Dabei können die Zuschauer

Sprechen mit den Händen – das Fingeralphabet

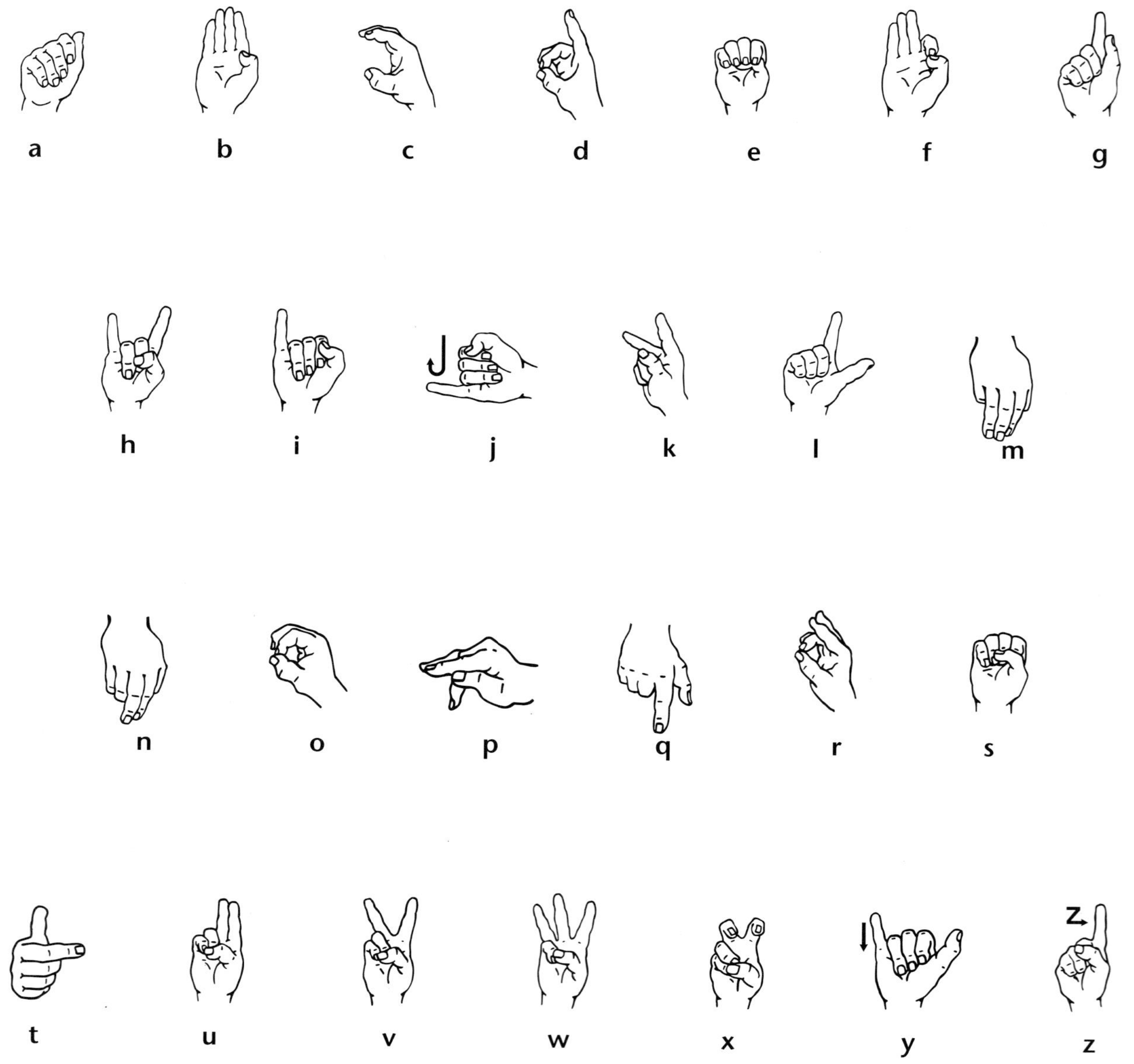

Fingeralphabet

5.–10. Klasse

45–90 min

Arbeitsblatt, evtl. auf Folie

- das Fingeralphabet kennenlernen und einüben
- sensibel werden für das Sprechen mit den Händen

Arbeitsblatt kopieren oder auf Folie ziehen

Wenn wir keinen gemeinsamen Code haben, können wir uns nicht verständigen. Das erfahren wir etwa, wenn wir in einem Land sind, dessen Sprache uns fremd ist. Dann müssen wir mit Händen und Füßen reden. Aber auch im Alltag benutzen wir unsere Hände, um etwas ohne Sprache auszudrücken (z.B. der erhobene Zeigefinger oder Daumen, die Faust, das Tippen mit dem Zeigefinger an die Stirn oder der berühmte „Stinkefinger"). Die Schüler sollen zunächst solche Fingerzeichen vorstellen und darüber sprechen, was damit ausgedrückt wird und wann sie eingesetzt werden.
Bei dem Fingeralphabet kann man mithilfe der Hände die Schreibweise eines Wortes buchstabieren. Sie wird besonders von Hörgeschädigten benutzt.
Das auf dem Arbeitsblatt abgebildete Fingeralphabet wird von den Schülern zunächst in Gruppen genauer betrachtet und eingeübt. Schrittweise können sie damit experimentieren, einzelne Wörter, ihre Namen und sogar ganze Sätze „sprechen".
Die Ergebnisse werden am Schluss dem ganzen Gremium präsentiert. Dabei können die Zuschauer versuchen, die Wörter mithilfe des Arbeitsblatts zu übersetzen.

Es kann auch ein Wettbewerb daraus gemacht werden. Ein Schüler oder ein Kleingruppe zeigen ein Wort, die anderen Schüler versuchen, es zu verstehen. Wer es als Erstes richtig nennt, bekommt einen Punkt. Wer einmal falsch geraten hat, darf in dieser Runde nicht noch einmal raten.

In einer Doppelstunde können die Übungen und die Präsentationen intensiver gestaltet werden.

Sprechen mit den Händen – das Fingeralphabet

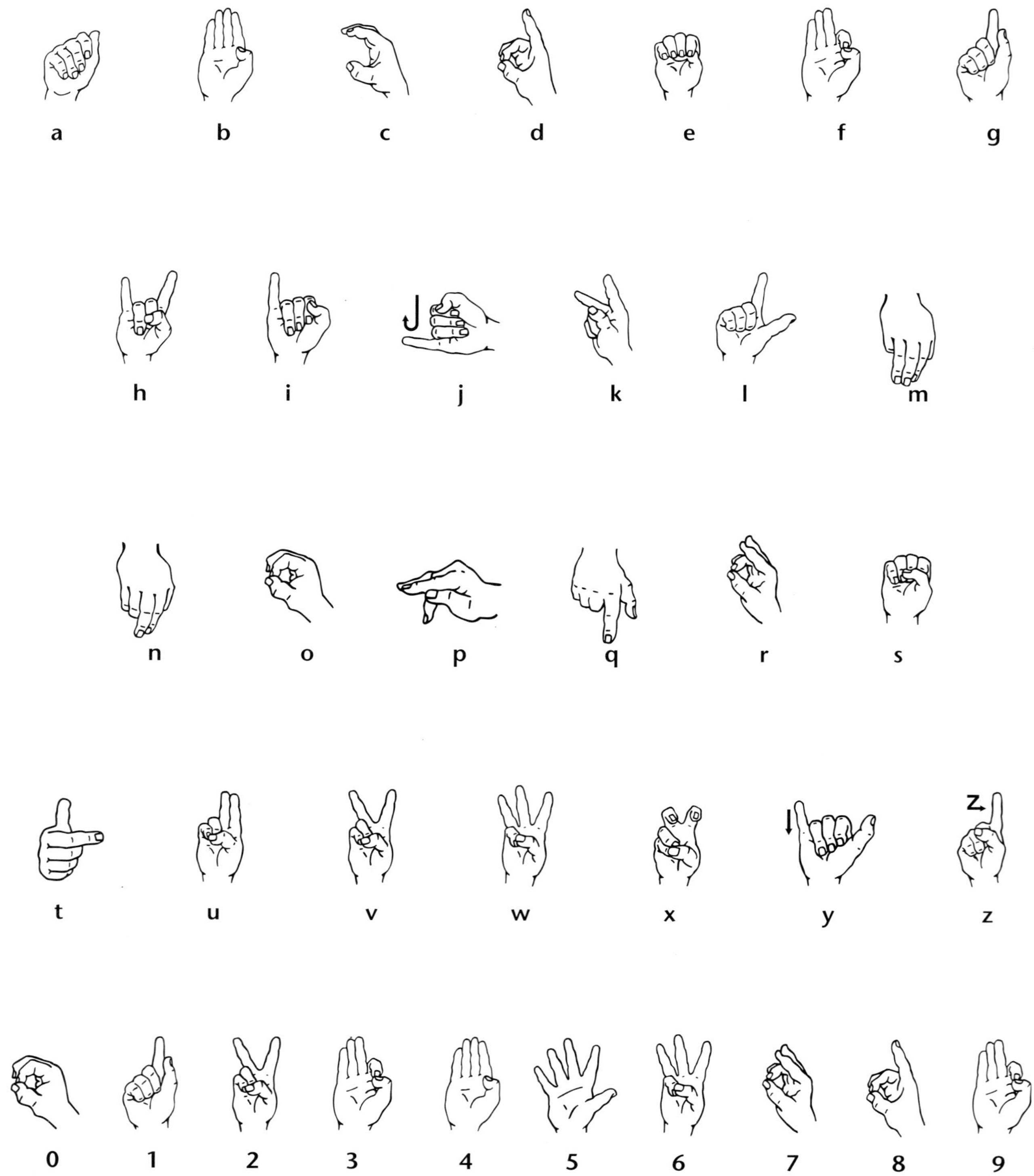

Versucht, euch mithilfe der Zeichen des Fingeralphabets zu unterhalten.

Fremdwörter-Bluff

3.–10. Klasse

45 min

Arbeitsblatt, Papier oder Blankokärtchen, evtl. Fremdwörterbuch

Fremdwörter kennenlernen

Arbeitsblatt kopieren und Wortkarten schneiden

Lesen Sie einige Fremdwörter-Definitionen vor, damit die Schüler den Sprachduktus kennenlernen. Schreiben Sie 5 der Fremdwörter an die Tafel. Nun soll jeder Schüler zu mindestens einem Fremdwort eine Definition schreiben. Es geht dabei nicht darum, dass die Schüler die Bedeutung des Wortes kennen, sondern dass es ihnen gelingt, eine möglichst glaubhafte Definition zu formulieren.
Dann werden alle Kärtchen der Schüler auf Stapeln zu den Wörtern gesammelt und Sie mischen die richtigen Definitionen darunter. Dann lesen Sie alle Definitionen zu einem Fremdwort vor und die Klasse stimmt durch Handzeichen ab, welche ihr am glaubhaftesten erscheint. Wenn eine Schülerdefinition gewinnt, bekommt der Verfasser einen Punkt.
Wenn alle 5 Fremdwörter entschlüsselt wurden, kommt die nächste Runde mit 5 weiteren Wörtern dran.

- Mithilfe eines Fremdwörterbuches können die Schüler auch selbst weitere Fremdwörter heraussuchen und das Spiel kann so beliebig erweitert werden.
- Die Schüler können in Gruppen kurze Gesprächsszenen vorbereiten, in denen mindestens drei der vorgestellten Fremdwörter enthalten sind.

- Versuchen Sie, alle Definitionen ähnlich und flüssig vorzulesen, damit nicht erkennbar wird, welche handgeschrieben und welche gedruckt und damit richtig sind.
- Bei der Auflösung der wahren Bedeutung eines Wortes können Sie auf etymologische Wurzeln und auf für ein Gebiet typische Endungen hinweisen.

Fremdwörter-Bluff

Vicomte (der) französischer Adelstitel im Rang zwischen Graf und Baron	**Bibliolith (der)** Handschrift der Antike, die durch Verkohlen bei Vulkanausbrüchen das Aussehen eines Steins erhalten	**Saprophyt (der)** Organismus, bes. Bakterie, Pilz, der von faulenden Stoffen lebt	**Hippologie (die)** wissenschaftliche Pferdekunde
Amusie (die) Unfähigkeit, Musisches zu verstehen, krankhafte Störung des Singvermögens oder der Tonwahrnehmung	**Spongiologie (die)** Teilgebiet der Biologie, das sich mit Schwämmen befasst	**Splenektomie (die)** operative Entfernung der Milz	**Kastor (der)** weiches, langhaariges, aus hochwertiger Wolle gewebtes Tuch
Sarte (der, Plural: Sarten) Angehöriger der türkischsprachigen iranischen Stadtbevölkerung in Mittelasien	**Afzelia (die)** nach dem schwedischen Botaniker A. Afzelius († 1837) benannte Pflanzengattung der Hülsenfrüchtler	**Verismo (der)** am Ende des 19. Jhs. aufgekommene Stilrichtung der italienischen Literatur, Musik und bildenden Kunst mit dem Ziel der schonungslosen Darstellung der Wirklichkeit	**Mensuralnotation (die)** im 13. Jh. entwickelte Notenschrift, die im Gegensatz zur älteren Notenschrift auch die Tondauer mit rhythmisch differenzierten Noten- und Pausenzeichen angibt
Thuja (die) immergrüner Baum mit schuppenförmigen Blättern	**Subreption (die)** unrechtmäßiges Erlangen eines rechtlichen Erfolges durch Entstellung oder Verschleierung des wahren Sachverhaltes	**Affiliation (die)** das Verhältnis von Sprachen, die sich aus einer gemeinsamen Grundsprache entwickelt haben, zueinander und zur Grundsprache	**Regest (das, meist Plural Regesten)** zusammenfassende Inhaltsangabe einer Urkunde, Teil eines zeitlich geordneten Verzeichnisses von Urkunden
Zirkon (der) Zirkonium enthaltendes, meist braunes Mineral, das durch Brennen blau wird und als Schmuckstein verwendet wird	**Allokution (die)** päpstliche Ansprache, eine der Formen offizieller mündlicher Mitteilungen des Papstes	**Sarrass (der)** Säbel mit schwerer Klinge	**Refraktion (die)** Brechung von Lichtwellen und anderen Wellen an Grenzflächen zweier Medien

Catenaccio (der) (Fußball-) Verteidigungstechnik, bei der sich bei einem Angriff die gesamte Mannschaft kettenartig vor dem eigenen Strafraum zusammenzieht	**Detergens (das)** seifenfreies, hautschonendes Wasch-, Reinigungs- und Spülmittel; in Waschmitteln enthaltener Stoff, der die Oberflächenspannung des Wassers herabsetzt	**Kaizen (das)** Unternehmensführungskonzept aus Japan, das darin besteht, einen kontinuierlichen Verbesserungsprozess in Gang zu halten	**Oktroi (der oder das)** Steuer auf eingeführte Lebensmittel	**Weda (der, Plural: Weden)** die heiligen Schriften der altindischen Religion
Dendrobium (das) artenreiche Orchideengattung (Baumwucherer) in Südasien und Polynesien	**Ekthym (das)** Hauteiterung mit nachfolgender Geschwürbildung	**Bunda (die)** Schaffellmantel ungarischer Bauern, bei dem das bestickte Leder nach außen getragen wird	**Nephometer (das)** Gerät zur Bestimmung der unmittelbaren Wolkendichte und -geschwindigkeit	**Agglomerat (das)** aus groben Gesteinsbrocken bestehendes vulkanisches Auswurfprodukt
Wadi (das) tief eingeschnittenes, meist trockenliegendes Flussbett eines Wüstenflusses	**Ekmnesie (die)** krankhafte Vorstellung, in einen früheren Lebensabschnitt zurückversetzt zu sein	**Renette (die)** saftiger, süß-säuerlich schmeckender Apfel	**Miri (das)** Teppichmuster, bestehend aus regelmäßig angeordneten, an der Spitze geknickten Palmblättern	**Eyrir (der oder das, Plural: Aurar)** isländische Währungseinheit, 100 Aurar sind 1 Isländische Krone
Allod (das) im mittelalterlichen Recht der persönliche Besitz, das Familienerbe, im Gegensatz zum Lehen oder grundherrlichen Land	**Upas (das)** als Pfeilgift verwendeter Milchsaft eines javanischen Baumes	**Soredium (das)** der vegetativen Vermehrung dienende Algenzelle der Flechte	**Letkiss (der)** Modetanz der späten 1960er-Jahre mit folkloristischem Charakter	**Tritanopie (die)** Violettblindheit
Bullfinch (der) (engl.) hohe Hecke als Hindernis bei Pferderennen	**Grubber (der)** mit einer ungeraden Anzahl von Zinken versehenes, auf vier Rädern laufendes Gerät zur Bodenbearbeitung	**Biforium (das)** zweiflügliges, durch eine Mittelsäule gegliedertes Fenster in der gotischen Baukunst	**Podoskop (das)** Gerät, das früher in Schuhgeschäften verwendet wurde, mit dem die Füße in Schuhen durchleuchtet wurden, um die korrekte Schuhgröße zu ermitteln	**Buffo (der)** Sänger komischer Opernrollen

Idole

5.–9. Klasse

45 min

Arbeitsblatt, evtl. Nachschlagewerke und/oder Internetzugang

- erkennen, warum Menschen zu Idolen werden
- persönliche Idole benennen

Arbeitsblätter kopieren

Die Zeitschrift STERN führte 2003 eine Umfrage durch, um zu erfahren, wer die Idole der Deutschen sind. Die Schüler erhalten die Liste mit den ersten 100 Platzierten. Zunächst klärt der Lehrer mit den Schülern den Begriff „Idol" (DUDEN: Abgott, Abgöttin, Held, Heldin, Ideal, Leitbild, Leitfigur, Star, Vorbild).
Die Schüler sollen die Namenliste unter folgenden Fragestellungen bearbeiten:

- Wen aus der Liste kennst du?
- Was ist an den genannten Personen besonderes, dass sie als Idole bezeichnet werden?
- Kannst du dir vorstellen, warum die Mutter auf Platz 1 steht?
- Wie würde deine Rangliste der 10 Idole aussehen?

Anschließend werden die Fragen in einem Klassengespräch besprochen.

- Eine Befragung in der Klasse wird durchgeführt und eine Rangliste der Idole erstellt.
- Kleingruppen erhalten je 10–20 Idole, zu denen sie eine Kurzcharakterisierung in einem Satz verfassen sollen.

Mithilfe dieser Methode lernen die Schüler Menschen aus unterschiedlichen Bereichen (Musik, Politik, Kultur) kennen. Da viele der Personen den Jugendlichen unbekannt sein dürften, sollte ein Nachschlagewerk bereitliegen bzw. das Internet als Informationsquelle zur Verfügung stehen.

Die Idole der Deutschen

1. meine Mutter
2. Mutter Teresa
3. mein Vater
4. Nelson Mandela
5. Michail Gorbatschow
6. Albert Schweitzer
7. Mahatma Gandhi
8. Martin Luther King
9. Albert Einstein
10. Jesus Christus
11. Günther Jauch
12. Dalai Lama
13. Oskar Schindler
14. John F. Kennedy
15. Anne Frank
16. Karlheinz Böhm
17. Martin Luther
18. Hans Dietrich Genscher
19. Willy Brandt
20. Helmut Schmidt
21. Michael Schumacher
22. Konrad Adenauer
23. Graf von Stauffenberg
24. Herbert Grönemeyer
25. Richard von Weizsäcker
26. Regine Hildebrandt
27. Sophie & Hans Scholl
28. Peter Ustinov
29. Sean Connery
30. Königin Silvia von Schweden
31. Astrid Lindgren
32. jemand aus meinem Freundeskreis
33. Kofi Annan
34. Muhammad Ali
35. Leonardo da Vinci
36. Beatles
37. Johann Wolfgang von Goethe
38. Wolfgang Amadeus Mozart
39. Heinz Rühmann
40. Marie Curie
41. Jan Ullrich
42. Steffi Graf
43. Fritz Walter
44. Ludwig Erhard
45. Bill Gates
46. Romy Schneider
47. Max Schmeling
48. Rosa Luxemburg
49. Beethoven
50. jemand aus meiner Verwandtschaft
51. Steven Spielberg
52. Prinzessin Diana
53. Rudi Völler
54. Dieter Hildebrandt
55. Peter Scholl-Latour
56. Dietrich Bonhoeffer
57. Uwe Seeler
58. Franz von Assisi
59. Hillary Clinton
60. Friedrich von Schiller
61. Theodor Heuss
62. Arnold Schwarzenegger
63. Johannes Rau
64. Joschka Fischer
65. Johann Sebastian Bach
66. Vitali & Wladimir Klitschko
67. Käthe Kollwitz
68. Grace Kelly
69. Thomas Gottschalk
70. Christopher Reeve
71. Harald Schmidt
72. Che Guevara
73. Papst Johannes Paul II
74. Reinhold Messner
75. Hildegard Hamm-Brücher
76. Itzak Rabin
77. Julia Roberts
78. Audrey Hepburn
79. Götz George
80. Elvis Presley
81. Heinrich Heine
82. Franz Beckenbauer
83. Roman Herzog
84. Hannelore Kohl
85. Friedrich der Große
86. Helmut Kohl
87. Jurij Gagarin
88. Bob Marley
89. Jeanne d'Arc
90. Hermann Hesse
91. Elke Heidenreich
92. Franz Joseph Strauß
93. Fürst Otto von Bismarck
94. Peter Maffay
95. Nena
96. Dieter Bohlen
97. Kurt Tucholsky
98. Sabine Christiansen
99. Eva Peron
100. Ernst Reuter

Meine persönlichen Idole:

Jugendsprache

7.–10. Klasse

45 min

Arbeitsblatt

- Jugendsprachliche Ausdrücke kennenlernen und bewerten
- Sich der eigenen Sprache bewusst werden

Arbeitsblätter kopieren

Nach einer kurzen Einführung in das Thema Jugendsprache erhalten die Schüler das Arbeitsblatt. In Gruppen suchen sie die zutreffende Bedeutung zu den jugendsprachlichen Begriffen. Wenn die Schüler nicht weiterkommen, können Sie die Lösungsbegriffe verteilen, die dann nur noch zugeordnet werden müssen. Viele Wörter, die auf dem Arbeitsblatt aufgelistet sind, werden den Schülern nicht bekannt sein. Das liegt auch daran, dass Jugendsprache je nach Milieu und Region sehr unterschiedlich ausfällt.
Anschließend übt jede Gruppe mit den Wörtern eine kurze Szene ein. Dabei können sie auch Begriffe verwenden, die auf dem Arbeitsblatt nicht aufgelistet sind. Die Ergebnisse werden im Plenum vorgestellt.
In einem abschließenden Gespräch unterhalten sich die Schüler über die Bedeutung der Jugendsprache (Abgrenzung von den Erwachsenen, jugendkulturelle Bedeutung etc.).

- Falls die Lehrperson spontan ist, kann sie einige Wörter aus der Jugendsprache in ihre Einleitung einfließen lassen.
- Die Schüler können auch selbst Wörter beitragen, deren Bedeutung die Mitschüler dann erraten sollen.

- Es gibt eine Vielzahl von Wörtern aus der Fäkalsprache, auf die hier bewusst verzichtet wurde.
- Es gibt Lexika der Jugendsprache der Verlage Pons und Langenscheidt.

evtl. Lexikon der Jugendsprache

Lösungen Jugendsprache

abgespaced
verrückt

Abschleppöse
Nasenpiercing

Achselkaffee
Schwitzfleck unter den Achseln

assig
doof

aufbitchen
sich schminken

Augensex
Blickkontakt

Baumwollrost
schmutzige Unterwäsche

Bergaufbremser
Feigling

betonieren
sich die Haare gelen

Betonknutscher
Skateboarder

Blechpickel
Piercing

Blitzableiter
Zahnspange

Blümchenkiller
Vegetarier

Bratze
hässlich

breit
berauscht

burnen
sehr attraktiv

Büffelbude
Schule

Cellulitezentrum
Schwimmbad

chillen
sich ausruhen

cruisen
ziellos umherfahren

dahinschnecken
schleichen

dick geflasht
überwältigend

dissen
jemanden fertigmachen

Dorffrettchen
Trottel

Drahtfresse
Mädchen mit Zahnspange

Drinni
Stubenhocker

Eiterberg
Pickel

Erzeugerfraktion
Eltern

Feinkostgewölbe
dicker Bauch

Fleischmütze
Glatze

Freibiergesicht
Schnorrer

Fummelbunker
Diskothek

funzen
funktionieren

Gehirnprothese
Taschenrechner

Geruchswalze
Deoroller

Glockendisko
Kirche

göbeln
sich übergeben

Güllebunker
Toilette

Heftknutscher
Radiergummi

Hirnblähungen
dumme Gedanken

hirnblind
dumm

Hirnpimper
Lehrer

Karottenrambo
Schwächling

Kauf dir Freunde!
Lass mich in Ruhe!

Kopfgärtner
Friseur

Laufwerk
Gehirn

lollig
lustig

Luft schieben
ignorieren

Lungenbräunen
Rauchen

meiern
jemanden mobben

Naschkatzenschreck
Waage

phat
sehr gut

Pickelvorhang
Haarpony

Playa
gut aussehender Junge

Popelteppich
Taschentuch

rolexen
angeben

Scheibenglotzer
Brillenträger

Spiegellecker
eitle Person

Tafelglotzer
Streber

zocken
spielen

Jugendsprache

abgespaced
Abschleppöse
Achselkaffee
assig
aufbitchen
Augensex
Baumwollrost
Bergaufbremser
betonieren
Betonknutscher
Blechpickel
Blitzableiter
Blümchenkiller
Bratze
breit
burnen
Büffelbude
Cellulitezentrum
chillen
cruisen
dahinschnecken

dick geflasht
dissen
Dorffrettchen
Drahtfresse
Drinni
Eiterberg
Erzeugerfraktion
Feinkostgewölbe
Fleischmütze
Freibiergesicht
Fummelbunker
funzen
Gehirnprothese
Geruchswalze
Glockendisko
göbeln
Güllebunker
Heftknutscher
Hirnblähungen
hirnblind
Hirnpimper

Karottenrambo
Kauf dir Freunde!
Kopfgärtner
Laufwerk
lollig
Luft schieben
Lungenbräunen
meiern
Naschkatzenschreck
phat
Pickelvorhang
Playa
Popelteppich
rolexen
Scheibenglotzer
Spiegellecker
Tafelglotzer
zocken

LÖSUNGEN
angeben
berauscht
Blickkontakt
Brillenträger
Deoroller
dicker Bauch
Diskothek
doof
dumm
dumme Gedanken
eitle Person
Eltern
Feigling
Friseur
funktionieren
Gehirn
Glatze
gut aussehender Junge
Haarpony
hässlich
ignorieren
jemanden mobben
jemanden fertigmachen
Kirche
Lass mich in Ruhe!
Lehrer
lustig
Mädchen mit Zahnspange
Pickel
Piercing
Nasenpiercing
Radiergummi
rauchen
schleichen
schmutzige Unterwäsche
Schnorrer
Schule
Schwächling
Schwimmbad
Schwitzfleck unter den Achseln
sehr attraktiv
sehr gut
sich ausruhen
sich die Haare gelen
sich schminken
sich übergeben
Skateboarder
spielen
Streber
Stubenhocker
Taschenrechner
Taschentuch
Toilette
Trottel
überwältigend
Vegetarier
verrückt
Waage
Zahnspange
ziellos umherfahren

Knigge für den Alltag

5.–10. Klasse

45–90 min

Plakate, Stifte, Arbeitsblätter

Regeln für ein gutes Benehmen erstellen und einüben

evtl. Kopieren der Arbeitsblätter

Gute und angemessene Umgangsformen sind ungeschriebene Spielregeln für das Zusammenleben der Menschen. Die Schüler sollen Regeln für bestimmte Situationen diskutieren und aufstellen. Dazu schreibt der Lehrer die folgenden Situationen an die Tafel:

1. Was sollte ich beachten, wenn ich Menschen grüße bzw. begrüße (Freunde, Bekannte, ältere Menschen, Lehrer usw.)?
2. Welche Regeln sind wichtig, wenn du dich in einer Gruppe bzw. Klasse oder mit einer Person unterhältst?
3. Worauf ist beim Telefonieren, SMS-Schreiben oder Mailen zu achten?

Es werden drei Gruppen gebildet, die jeweils ein Thema besprechen und einige Regeln auf Plakaten notieren. Eine typische Szene wird dazu spielerisch eingeübt.
Jede Gruppe stellt ihre Ergebnisse vor, die von den anderen korrigiert und ergänzt werden können.

- Falls eine Doppelstunde zur Verfügung steht, können die folgenden Themen ergänzt werden: angemessene Kleidung – Tischmanieren – „Du" oder „Sie" – Verhalten in Konfliktsituationen
- Für die Szenen, die die Schüler sich ausdenken und vorführen, wäre es lustig, wenn sie jeweils eine negative (falsches Verhalten) und eine positive (richtiges Verhalten) entwickeln würden, die sie dann spielerisch gegenüberstellen.
- Die Schüler erhalten das Multiple-Choice-Arbeitsblatt. Jeder kreuzt für sich an, wie er sich verhalten würde. Gemeinsam werden die Ergebnisse verglichen.
- Beim Arbeitsblatt „Knigge für Fortgeschrittene" empfiehlt es sich, die richtigen Verhaltensweisen durchzuspielen.

- Als motivierender Einstieg eignen sich Beispiele schlechten Benehmens, die der Lehrer auch vorspielen kann, wenn er möchte.
- Zur Gesprächsanregung kann der Lehrer folgende Begriffe, die so etwas wie eine Grundhaltung guten Benehmens sind, an die Tafel schreiben: Höflichkeit – Rücksichtnahme – Hilfsbereitschaft – Achtung – Aufmerksamkeit – Respekt – Wertschätzung – Freundlichkeit.

Wie würdest du dich verhalten? – Knigge für Anfänger

1. Du wirst angerufen. Wie meldest du dich?
   - ▢ „Ja?“
   - ▢ „Wer ist da?“
   - ▢ Du nennst deinen Namen.
   - ▢ „Ey, Alder!“
2. Du begegnest einer Nachbarin, die du nur vom Sehen kennst. Wie grüßt du sie?
   - ▢ überhaupt nicht
   - ▢ „Guten Tag!“
   - ▢ „Hallo!“
   - ▢ Ich schaue auf die andere Straßenseite.
3. Du wirst von einem Freund ohne ersichtlichen Grund beschimpft. Wie verhältst du dich?
   - ▢ Ich brülle zurück.
   - ▢ Ich gebe ihm eine freundliche Antwort.
   - ▢ Ich gehe weg.
   - ▢ Ich bleibe ganz ruhig und warte ab.
4. Du bist zu einem Familienfest eingeladen. Wie kleidest du dich?
   - ▢ dem Anlass entsprechend
   - ▢ meine Alltagskleidung
   - ▢ ganz fein
   - ▢ provokativ
5. Die Nacht war kurz, der Unterricht ist langweilig und der Lehrer nervt.
   - ▢ Ich gähne recht auffällig.
   - ▢ Ich versuche, mich zu konzentrieren.
   - ▢ Ich lege den Kopf auf die Bank.
   - ▢ Ich frage, ob ich draußen frische Luft schnappen darf.
6. Du siehst deine alte Nachbarin mit Einkaufstüten bepackt vor dem Haus stehen.
   - ▢ Ich frage freundlich, ob ich helfen kann.
   - ▢ Ich ignoriere sie.
   - ▢ Ich bin schockiert, wie hilflos alte Menschen sein können.
   - ▢ Ich frage sie, warum sie immer so viel kaufen muss.
7. Du sitzt in einem überfüllten Bus und siehst eine hochschwangere Frau, die sich mühsam festhält.
   - ▢ Ich stehe auf und biete ihr meinen Sitzplatz an.
   - ▢ Ich bleibe sitzen und beobachte, was passiert.
   - ▢ Ich frage mich, wie man in diesem Zustand noch Bus fahren kann.
   - ▢ Ich fordere Jüngere auf, doch aufzustehen.
8. Der Lehrer betritt am Beginn der Unterrichtsstunde den Klassenraum.
   - ▢ Ich rede weiter mit meinem Banknachbarn.
   - ▢ Ich ignoriere ihn.
   - ▢ Ich setze mich aufmerksam an meinen Platz.
   - ▢ Ich bewerfe ihn mit Papierkugeln.

Fülle das Arbeitsblatt zunächst alleine aus.
Diskutiert anschließend über eure Ergebnisse und die angemessenen Umgangsformen.

Wie würdest du dich verhalten? – Knigge für Fortgeschrittene

1. Worauf solltest du bei einem Vorstellungsgespräch achten?
   - ▢ Ich reiche dem Interviewer sofort die Hand zur Begrüßung.
   - ▢ Ich warte, bis mir mein Gegenüber einen Platz anbietet, und setze mich dann hin.
   - ▢ Ich versuche, mit meinem Gegenüber Blickkontakt zu halten.
   - ▢ Ich gehe in meiner Alltagskleidung zum Gespräch, weil ich mich in denen am wohlsten fühle und dadurch am natürlichsten wirke.
2. Worauf ist zu achten, wenn du einen Geschäftsbrief per Mail schreibst?
   - ▢ Anrede und Gruß schreibe ich wie in einem Brief.
   - ▢ Da es keine Regeln fürs E-Mail-Schreiben gibt, schreibe ich sehr locker.
   - ▢ Die Betreffzeile muss nicht unbedingt ausgefüllt werden.
   - ▢ Ich schreibe in ganzen Sätzen und sehr höflich.
3. Was solltest du beim Umgang mit Kollegen im Büroalltag beachten?
   - ▢ Ich verwende kein zu stark riechendes Parfum.
   - ▢ Ich dekoriere das Büro mit Bildern, die mir gefallen.
   - ▢ Ich gehe auf keinen Fall ans Telefon, wenn der Apparat meines Kollegen klingelt und er nicht am Platz ist.
   - ▢ Wenn es mich entspannt, höre ich bei der Arbeit Musik.
4. Du bist auf einer Betriebsfeier. Welche der Aussagen stimmt und sollte beachtet werden, um Fettnäpfchen zu vermeiden?
   - ▢ Ein Du-Angebot gilt auf jeden Fall für die Zukunft, auch wenn es dein Vorgesetzter dir zu späterer Stunde gemacht hat und dabei leicht angetrunken war.
   - ▢ Es ist passend, auf einer Betriebsfeier über betriebliche Themen zu sprechen.
   - ▢ Betriebsfeiern sind freiwillig, und deswegen macht es nichts aus, wenn man nicht kommt.
   - ▢ Man sollte aufpassen, dass man nicht zu viel Alkohol trinkt.
5. Wenn Du beim Geschäftsessen während des Essens zur Toilette musst, was machst du mit der Serviette?
   - ▢ Ich nehme sie mit.
   - ▢ Ich lege sie links neben den Teller.
   - ▢ Ich lege sie auf den Stuhl.
   - ▢ Ich lasse sie zu Boden fallen, damit mir der Kellner eine neue bringt.
6. Beim Essen im Restaurant merkst du, dass du Fleischreste zwischen den Zähnen hast. Wie verhältst du dich?
   - ▢ Ich versuche, die Reste unauffällig mit der Zunge herauszubekommen, und frage dann meinen Tischnachbarn, ob noch etwas zu sehen ist.
   - ▢ Ich frage den Kellner nach Zahnstochern und benutze sie auf der Toilette.
   - ▢ Ich nehme einen kräftigen Schluck meines Getränkes und spüle mir den Mund aus.
   - ▢ Falls Zahnstocher auf dem Tisch stehen, benutze ich einen Zahnstocher und halte mir die andere Hand vor den Mund.
7. Beim Dessert werden im Restaurant frische, unentkernte Kirschen gereicht. Wie entsorgst du die Kerne am unauffälligsten?
   - ▢ Ich schiebe den Kern mit der Zunge auf einen Löffel und lege ihn damit auf den Teller.
   - ▢ Ich schiebe den Kern mit der Zunge auf meine Faust und lege ihn auf den Teller.
   - ▢ Ich schlucke den Kern hinunter und entsorge ihn später auf natürliche Weise.
   - ▢ Ich lasse den Kern unauffällig aus dem Mund auf den Teller fallen.

LÖSUNGEN

zu 1. Immer warten, bis der Interviewer einem die Hand reicht und einem einen Platz anbietet. Blickkontakt ist enorm wichtig. Ein Vorstellungsgespräch ist keine Alltagssituation, deswegen zieht man sich entsprechend an. Dennoch sollte es Kleidung sein, die gut sitzt und in der man sich wohlfühlt.

zu 2. Für den E-Mail-Verkehr gelten dieselben Regeln wie für Briefe, d.h. auch die Betreffzeile muss ausgefüllt werden.

zu 3. Zu starker Parfumgeruch ist fast genauso belästigend wie Schweißgeruch und sollte im Büro vermieden werden. Die persönliche Dekoration des Büros sollte sparsam sein und mit den Kollegen abgestimmt werden. Ist ein Kollege nicht am Platz, geht man für ihn ans Telefon und schreibt ihm gegebenenfalls eine Notiz. Evtl. kann man sich mit den Kollegen auf Musik einigen, die alle gerne hören, oft ist es jedoch nicht angebracht, bei der Arbeit Musik zu hören, auch nicht über Kopfhörer. Im Zweifelsfall sollte man den Vorgesetzten fragen, ob man es darf.

zu 4. Man sollte am nächsten Tag nachfragen, ob das Du-Angebot noch gilt. Betriebliche Themen sollten nur oberflächlich besprochen werden. Wer unentschuldigt auf Betriebsfeiern fehlt, gilt oft schnell als arrogant. Man sollte auf keinen Fall zu viel Alkohol trinken, um nicht unangenehm aufzufallen.

zu 5. Man legt die Serviette auf den Stuhl.

zu 6. Am besten ist es, wenn niemand mitbekommt, dass man mit einem Zahnstocher zur Toilette gegangen ist. Mit der Zunge die Reste zu lösen oder mit Wasser den Mund auszuspülen, geht auf keinen Fall. In Ordnung ist, diskret am Tisch einen Zahnstocher zu benutzen.

zu 7. Man kann den Kern mit einem Löffel oder mit der Faust auf den Teller legen. Den Kern auf den Teller zu spucken, gehört sich nicht, ihn zu verschlucken, ist nicht zu empfehlen.

Lebensweisheiten

5.–8. Klasse

45 min

Arbeitsblatt

- die richtigen Begriffe sinngemäß in den Lückentext einsetzen
- die Lebenserfahrungen vergangener Generationen überdenken

Arbeitsblatt kopieren

Immer wieder haben Menschen in einzelnen Sätzen ihre Lebenserfahrungen ausgedrückt. Die vorliegenden Lebensweisheiten sind zum Teil sehr alt und über Generationen weitergegeben worden. Manche bekommen Jugendliche auch heute noch zu hören („Lehrjahre sind keine Herrenjahre" oder „Ohne Fleiß keinen Preis") und können meist nichts damit anfangen oder sind von solchen Sprüchen nur genervt.
Die Schüler sollen in Einzelarbeit die Lücken auf dem Arbeitsblatt durch die richtigen Begriffe ergänzen. Unter den vorgeschlagenen Wörtern befinden sich auch Nieten, die nirgends eingesetzt werden können. Satz für Satz werden die (richtigen und falschen) Ergebnisse vorgelesen. Die Schüler sollen sich überlegen, welche Bedeutung die Sprüche haben und was die Lebensweisheiten uns heute noch sagen können.

- Die Schüler sammeln selbst Lebensweisheiten, die sie schon gehört haben. Jeder Schüler schreibt auf ein Blatt einen Satz und lässt eine Wortlücke. Natürlich formulieren Jugendliche in ihrem Sprachgebrauch auch Lebensweisheiten, die häufig in Mails oder in Chatrooms weitergegeben werden. Der Lehrer liest die Sätze vor und die Schüler raten den kompletten Satz.
- In Gruppen denken sich die Schüler ein Gespräch aus, in dem möglichst viele Lebensweisheiten eingebaut werden, und führen es dann vor der Klasse vor. Protagonisten und Schauplatz sind frei wählbar. Geeignet sind beispielsweise zwei alte Herren auf einer Parkbank, ein Gespräch am Zeitungskiosk oder in einer Kneipe.

- „Duden. Zitate und Aussprüche" und „Duden. Redewendungen"

Lösungen:
1. Anfang – 2. Arbeit – 3. Katzen – 4. Stamm – 5. Musik – 6. Kartoffeln – 7. Ehrlich – 8. Huhn/Korn – 9. Gewissen – 10. wäscht – 11. Vergnügen – 12. Meister – 13. Meister – 14. ziehen – 15. Geld – 16. Glaube – 17. gesellt – 18. Spiel – 19. Rat – 20. Irren – 21. Schmied – 22. Freundschaft – 23. Narren – 24. blind – 25. Lügen – 26. Abend – 27. Feuer – 28. Fleiß – 29. Rache – 30. Geschmack – 31. Übung – 32. Welten – 33. Köche – 34. hören

Lebensweisheiten

1. Aller __________ ist schwer.
2. __________ macht das Leben süß.
3. Bei Nacht sind alle __________ grau.
4. Der Apfel fällt nicht weit vom __________.
5. Der Ton macht die __________.
6. Die dümmsten Bauern haben die dicksten __________.
7. __________ währt am längsten.
8. Ein blindes __________ findet auch mal ein __________.
9. Ein gutes __________ ist ein sanftes Ruhekissen.
10. Eine Hand __________ die andere.
11. Erst die Arbeit, dann das __________.
12. Es ist noch kein __________ vom Himmel gefallen.
13. Früh übt sich, was ein __________ werden will.
14. Gegensätze __________ sich an.
15. __________ regiert die Welt.
16. __________ versetzt Berge.
17. Gleich und gleich __________ sich gern.
18. Glück in der Liebe, Pech im __________.
19. Guter __________ ist teuer.
20. __________ ist menschlich.
21. Jeder ist seines Glückes __________.
22. Kleine Geschenke erhalten die __________.
23. Kinder und __________ sagen die Wahrheit.
24. Liebe macht __________.
25. __________ haben kurze Beine.
26. Man soll den Tag nicht vor dem __________ loben.
27. Messer, Schere, __________, Licht dürfen kleine Kinder nicht.
28. Ohne __________ kein Preis.
29. __________ ist süß.
30. Über __________ lässt sich nicht streiten.
31. __________ macht den Meister.
32. Undank ist der __________ Lohn.
33. Viele __________ verderben den Brei.
34. Wer nicht __________ will, muss fühlen.

Setze die fehlenden Wörter ein. Aber Achtung, es sind auch Nieten dabei.

Abend – alte – Anfang – Arbeit – Bankkonto – Birnbaum – blind – Dummheit – ehrlich – faulenzen – Feuer – Fleiß – fliegen – Freundschaft – Geld – Geld – Geschmack – gesellt – Gewissen – Glaube – hören – Huhn – Hunde – Kartoffeln – Katzen – Kinder – Köche – Korn – Kühe – Liebe – Lotto – Lügen – Macht – Meister – Meister – Musik – Narren – Pudding – Rache – Rat – schlägt – schlägt – schleppen – Schmied – Spiel – Stamm – Stein – Störenfried – Superstar – taub – Übung – Unsinn – Vergnügen – wäscht – Welten – Wetterbericht – ziehen

Lieblingsfach-Statistik

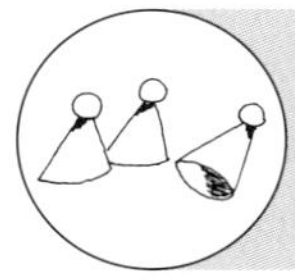

5.–10. Klasse

45 min

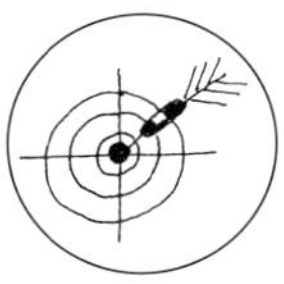

- verstehen, wie Statistiken entstehen und wie sie zu lesen sind
- die Bedeutung der verschiedenen Unterrichtsfächer herausarbeiten
- die eigenen fachlichen Stärken und Schwächen erkennen

Nach einer Umfrage des Meinungsforschungsinstituts Usuma sind die folgenden Unterrichtsfächer die unbeliebtesten:

1. Mathematik
2. Deutsch
3. Englisch
4. Naturwissenschaften
5. Französisch
6. Latein

Interessant ist dabei auch die Beobachtung, dass Deutsch, Englisch und Mathe 80% des Nachhilfeunterrichts ausmachen.
Nun wird die Klasse aufgefordert, selbst eine Lieblingsfach-Statistik zu erstellen. Gemeinsam sollen sie über das Vorgehen entscheiden.
Zunächst muss entschieden werden, ob die Lieblingsfächer oder die unbeliebtesten Fächer ermittelt werden sollen. Dann ist es sinnvoll, dass alle Fächer, die in der Klasse unterrichtet werden, an der Tafel gesammelt werden. Nun muss entschieden werden, ob jeder Schüler nur eine oder beispielsweise drei Stimmen hat. Dann wird diskutiert, wie die Daten erhoben werden sollen (Handheben bei Listedurchgehen, Zettelchen, Striche an der Tafel ...). Achten Sie darauf, dass die Schüler verschiedene Alternativen in ihre Überlegungen einbeziehen. Schließlich erarbeiten die Schüler verschiedene Möglichkeiten, die Ergebnisse darzustellen (einfach Anzahl der Stimmen aufschreiben, Balkendiagramm, Tortendiagramm, ...).
Versuchen Sie, sich mit Tipps zunächst zurückzuhalten, und lassen Sie die Schüler das Vorgehen selbst erarbeiten.
Dann können die Ergebnisse diskutiert werden. Dabei wird gemeinsam überlegt, warum manche Fächer gut, andere wiederum schlecht abschneiden. Das Ergebnis kann in einem Protokoll festgehalten werden. Im Fachunterricht könnten die einzelnen Fachlehrer mit den Schülern die Bewertung besprechen – natürlich nur, wenn sie dazu bereit sind.

Wer möchte, kann vor dem Unterrichtsgespräch vor die Klasse treten und ein persönliches Statement abgeben („Mein absolutes Lieblingsfach ist Mathematik, weil ...")

Sicher wird es so sein, dass bestimmte Fächer sehr gut oder ganz schlecht abschneiden. Dies hat seinen Grund nicht nur in dem Fach selbst, sondern liegt häufig auch an der persönlichen Stärke und Motivation der Schüler. Auch die Lehrperson, die das Fach unterrichtet, spielt dabei eine wesentliche Rolle. Sie sollten als Lehrer vor allem auf der fachlichen Ebene bleiben und mit der Beurteilung von Kollegen zurückhaltend sein.

Menschenrechte

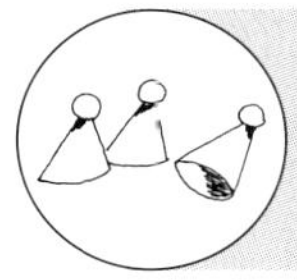

8.–10. Klasse

45 min

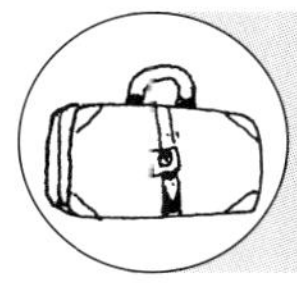

Arbeitsblätter,
genügend Computerplätze
für jeweils 2–3 Schüler

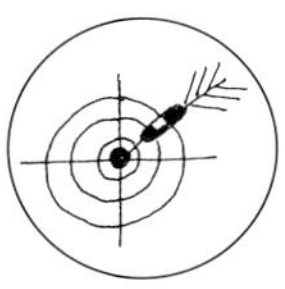

- gezielte Internetrecherche zum Thema Menschenrechte
- sich im Internet zurechtfinden
- Medienkompetenz

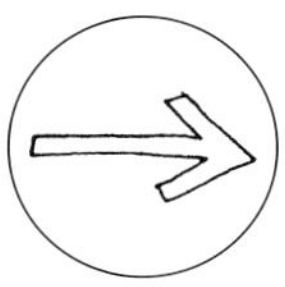

Arbeitsblatt kopieren, Computerraum belegen

Der Lehrer führt in das Thema ein (Informationen s. unten). Eröffnet werden kann mit der Frage, was die Schüler über Menschenrechte wissen.
Die Schüler nennen die Rechte, die sie kennen, und beschreiben, was sie bedeuten. Mithilfe des Arbeitsblattes sollen die Schüler einzelne Menschenrechte konkreter besprechen. Dabei sollen sie konkret benennen, wie diese eingehalten und wie sie verletzt werden können. Im Plenum präsentieren die Gruppen ihre Ergebnisse.

Mithilfe des Arbeitsblattes sollen die Schüler gezielt im Internet recherchieren. Dazu müssen sie zunächst die richtigen Schlüsselbegriffe oder Phrasen finden, die zu guten Ergebnissen führen. Dabei soll jeder Schüler bzw. jede Gruppe am Ende eine Seite präsentieren, die nach ihrer Meinung die besten Informationen bietet (z.B. www.amnesty.de). Dabei sind Aktualität, Richtigkeit und Glaubwürdigkeit der Quelle wichtig. Die Schüler beschreiben kurz den Inhalt der ausgewählten Seite und eventuelle Auffälligkeiten.

- Es können auch andere Themen für die gezielte Internetrecherche ausgewählt werden.
- In jüngeren Klassen kann der Schwerpunkt Schritt für Schritt auf die Methode der Recherche mithilfe von Suchmaschinen gelegt werden.

Als Menschenrechte werden subjektive Rechte bezeichnet, die jedem Menschen gleichermaßen zustehen sollen. Das Konzept der Menschenrechte geht davon aus, dass alle Menschen allein aufgrund ihres Menschseins mit gleichen Rechten ausgestattet sein sollen und dass diese Rechte universell, unveräußerlich und unteilbar sind. In einem engeren Sinne wird der Begriff „Menschenrechte" auch als Gegenbegriff zu „Bürgerrechte" verstanden: Er steht dann für Grundrechte, die unabhängig von der Staatsangehörigkeit allen Menschen zustehen.

- Wurzeln bereits in der Antike
- 1948: Verabschiedung der Allgemeinen Erklärung der Menschenrechte durch die UN-Generalversammlung am 10. Dezember, maßgeblich motiviert durch die Menschenrechtsverletzungen des Zweiten Weltkriegs. Viele Staaten haben diese Erklärung in ihre Verfassung (z.B. deutsches Grundgesetz) aufgenommen. Seitdem wird der 10. Dezember als internationaler Tag der Menschenrechte begangen.
- 1966: Von den Vereinten Nationen wurden am 19. Dezember 1966 zwei völkerrechtlich verbindliche Menschenrechtskonventionen verabschiedet, der „Internationale Pakt über bürgerliche und politische Rechte" („Zivilpakt") und der „Internationale Pakt über wirtschaftliche, soziale und kulturelle Rechte" („Sozialpakt"). Beide Abkommen treten 1976 in Kraft, nachdem sie von einer ausreichenden Zahl von Staaten ratifiziert wurden.

Menschenrechte

Jeder Mensch soll allein aufgrund seines Menschseins mit gleichen Rechten ausgestattet sein. Viele Staaten in der Welt erkennen das an und haben diese Rechte auch in ihren Verfassungen festgeschrieben. Die Formulierung kann etwa folgendermaßen lauten:

„Jeder Mensch hat Anspruch auf die hiermit garantierten Menschenrechte und Freiheiten, ohne irgendeine Unterscheidung, wie etwa nach Rasse, Farbe, Geschlecht, Sprache, Religion, politischer und sonstiger Überzeugung, nationaler oder sozialer Herkunft, nach Eigentum, Geburt oder sonstigen Umständen."

Artikel 1 Absatz 2 des Grundgesetzes für die Bundesrepublik Deutschland (GG) lautet:
„Das Deutsche Volk bekennt sich darum zu unverletzlichen und unveräußerlichen Menschenrechten als Grundlage jeder menschlichen Gemeinschaft, des Friedens und der Gerechtigkeit in der Welt."

Die Menschenrechte sollen überall eingehalten werden. Es sollte also keine Ausnahmen geben.

Solche Menschenrechte sind z.B.:

- Recht auf Leben und körperliche Unversehrtheit
- Schutz vor Folter, Menschenversuchen ohne Einwilligung des Patienten, vor Zwangssterilisation und Zwangskastration, Schutz vor Körperstrafen und Prügelstrafen sowie Schutz vor entwürdigender oder erniedrigender Behandlung (wie beispielsweise Ehrenstrafen), Abschaffung der Züchtigung in Erziehung und Schule
- Recht auf Freiheit, Eigentum und Sicherheit der Person
- Freiheit von willkürlichen Eingriffen in die Privatsphäre (Wohnung, Briefgeheimnis etc.)
- Meinungsfreiheit
- Gedanken-, Gewissens- und Religionsfreiheit
- Reisefreiheit
- Versammlungsfreiheit
- Informationsfreiheit
- Berufsfreiheit
- Unschuldsvermutung
- Gleichberechtigung von Mann und Frau
- Recht auf Arbeit und angemessene Entlohnung
- Schutz von Familien, Schwangeren, Müttern und Kindern
- Recht auf einen angemessenen Lebensstandard, einschließlich angemessener Nahrung
- Recht auf den besten erreichbaren Gesundheitszustand
- Recht auf Bildung

Unterhaltet euch über die einzelnen Menschenrechte und was sie bedeuten.
Überlegt, wie sie in unserem Land eingehalten bzw. verletzt werden.

Menschenrechte

Internetrecherche von ____________________________________

Suche im Internet nach geeigneten Seiten, die fundierte Informationen zum Thema bieten, und begründe deine Auswahl! Wähle zunächst die richtigen Schlüsselbegriffe oder Phrasen, um die besten Informationen zu finden. Entscheide dich für eine Internetseite, die interessante, glaubwürdige, aktuelle und richtige Informationen bietet.
Du hast 20 Minuten Zeit für deinen Suchauftrag.
Präsentiere deine Ergebnisse deinen Mitschülern!

Schlüsselbegriffe:

Phrasen:

Internetadresse:

Inhaber der Webseite:

Aktualisiert am:

Auffälligkeiten:

Kurze Beschreibung des Inhalts:

Das Morsealphabet

5.–10. Klasse

45–90 min (je nach Intensität)

Arbeitsblatt

- Kennenlernen des Morsealphabets
- Übermittlung einiger Worte durch Morsen

Arbeitsblatt kopieren

Will man heute jemandem schnell eine Nachricht übermitteln, nimmt man das Telefon und wählt die Nummer des Empfängers. Wenn er den Hörer abnimmt, kann man mit ihm sprechen. Inzwischen kann man dies mit Mobiltelefonen ortsunabhängig tun und außerdem Kurznachrichten (SMS) versenden. Sehr beliebt, sowohl geschäftlich als auch privat, ist das Schreiben von E-Mails über das Internet.
Das war nicht immer so. 1833 erfand Samuel Morse (1791–1872) den ersten elektromagnetischen Schreibtelegrafen, mit dessen Hilfe man Zeichen versenden konnte. Er entwickelte das nach ihm benannte Morsealphabet. Jeder Buchstabe und jede Zahl hat eine festgelegte Kombination aus Strichen und Punkten. Es wurde etwa von der Bahn oder in der Seefahrt verwendet. Sicherlich kennen die Schüler den Notruf SOS, mit dem man um Hilfe rufen kann (· · · – – – · · ·). Amateurfunker verwendeten den Morsecode noch bis ins Jahr 2003. Es gibt Funker, die bis zu 300 Buchstaben in einer Minute versenden können.
Man kann die Morsezeichen aber auch mit Licht (z.B. einer Taschenlampe), mit Pfeiftönen oder mit Flaggen (Flagge rechts = Punkt, Flagge links = Strich) übermitteln.

Der Lehrer gibt zunächst eine kurze Einführung in die Geschichte des Morsealphabets (s. oben), führt das Morsen einmal vor und übt mit den Schülern die Zeichen ein. Es ist darauf zu achten, dass die Unterschiede zwischen kurzen und langen Zeichen und die Pausen zwischen den Buchstaben deutlich hörbar sind. Es werden 4er- oder 5er-Gruppen gebildet. Die Schüler erhalten das Arbeitsblatt und machen sich mit den Zeichen des Morsealphabets vertraut.
Anschließend überlegt sich jede Gruppe einen Satz – jeder Schüler der Gruppe morst ein Wort. Zunächst übt jeder sein Wort, dann übt die Gruppe ihren Satz ein.
Jede Gruppe stellt ihren Satz der Klasse in der Morsesprache vor und die anderen Schüler versuchen, diesen zu entschlüsseln. Die Gruppe, die den Satz zuerst übersetzt hat, meldet sich und liest das Ergebnis vor.

- Jeder Schüler beschäftigt sich zunächst allein intensiv mit dem Morsealphabet, bevor die Gruppen gebildet werden.
- Die Gruppen erhalten einen vom Lehrer vorgegebenen Satz.
- Die Schüler versuchen, auf die unterschiedlichen Weisen zu morsen (durch Klopfen, mit Lichtzeichen, Pfeiftönen und Flaggen). Dazu bräuchten Sie Taschenlampen, Trillerpfeifen und Flaggen oder Tücher.

- Um die Länge der *Dits*, *Dahs* und Pausen einzuüben, können Sie ein Metronom verwenden.
- Einen Morse-Truetype-Font findet sich unter: http://www.vennfuessler.de/index.html?fenster=service/technik/morsen.html
  Damit kann man mit der Tastatur die einzelnen Buchstaben und Zahlen direkt in die Morse-Zeichen umschreiben.

Taschenlampen, Trillerpfeifen, Flaggen oder Tücher

Metronom, Internetzugang

Das Morsealphabet

Der Code verwendet drei Symbole, die *Punkt* (•), *Strich* (–) und *Pause* ( ) genannt werden, gesprochen als *Dit*, *Dah* und „Schweigen". Die Länge eines *Dit* bestimmt die Geschwindigkeit, mit der gesendet werden kann, und ist die grundlegende Zeiteinheit. Ein *Dah* ist üblicherweise dreimal so lang wie ein *Dit*. Die Pause zwischen zwei gesendeten Symbolen ist ein *Dit* lang. Zwischen Buchstaben in einem Wort wird eine Pause von *Dah* eingeschoben. Die Pause zwischen Wörtern beträgt sieben *Dits*.

Das Morsealphabet

Alphabet: Alle 30 Buchstaben (mit CH, Ü, Ö, Ä) werden aus bis zu fünf Punkten oder Strichen zusammengesetzt.

A Alpha	. –	B Bravo	– . . .	C Charlie	– . – .	CH	– – – –
D Delta	– . .	E Echo	.	F Foxtrott	. . – .	G Golf	– – .
H Hotel	. . . .	I India	. .	J Juliet	. – – –	K Kilo	– . –
L Lima	. – . .	M Mike	– –	N November	– .	O Oscar	– – –
P Papa	. – – .	Q Quebec	– – . –	R Romeo	. – .	S Sierra	. . .
T Tango	–	U Uniform	. . –	V Victor	. . . –	W Whisky	. – –
X X-Ray	– . . –	Y Yankee	– . – –	Z Zulu	– – . .		
Ä	. – . –	Ö	– – –.	Ü	. . – –		

Zahlen: Die zehn Zahlen bestehen aus genau fünf Strichen oder Punkten.

1	. – – – –	2	. . – – –	3	. . . – –	4	. . . . –
5	. . . . .	6	–	7	– – . . .	8	– – – . .
9	– – – – .	0	– – – – –				

Satzzeichen: Die Satzzeichen sind immer sechselementig und werden daher aus zwei oder drei gleichen Buchstaben zusammengesetzt.

. Punkt = (AAA)	. – . – . –	? Fragezeichen = (IMI)	. . – – . .
, Komma = (MIM)	– – . . – –	: Doppelpunkt = (OS)	– – – . . .
- Bindestrich = (BA)	– . . . . –	(und) Klammer = (KK)	– . – – . –
+ Pluszeichen = (AR)	. – . – .		

Quelle: http://www.vennfuessler.de/index.html?fenster=service/technik/morsen.html

Morse-Merkregel

Um die Codes der einzelnen Buchstaben des Morsealphabets besser zu erlernen, gibt es einige Merkregeln. Für jedes Zeichen steht eine bestimmte Silbe. Enthält die Silbe ein „O", bedeutet das einen Strich (– = langes Signal). Für alle anderen Silben steht ein Punkt (. = kurzes Signal). Das Merkwort hat so viele Silben, wie der Morsecode Striche und Punkte.

A Ar-nold	. –	B Bo-na-par-te	– . . .	C Con-di-to-rei	– . – .	CH Chro-no-lo-gos	– – – –
D Don-ners-tag	– . .	E Ei	.	F Fens-ter-bo-gen	. . – .	G Gross-on-kel	– – .
H Hüh-ner-au-ge	. . . .	I I-gel	. .	J Jagd-mo-tor-boot	. – – –	K Kom-man-do	– . –
L Li-mo-na-de	. – . .	M Mo-tor	– –	N No-tar	– .	O O-vo-sport	– – –
P Phi-lo-so-phie	. – – .	Q Quo-quo-ri-quo	– – . –	R Re-vol-ver	. – .	S Sä-bel-griff	. . .
T Ton	–	U U-ni-form	. . –	V Ven-ti-la-tor	. . . –	W Wind-mo-tor	. – –
X Xot-tes-mit-Brot	– . . –	Y Yo-ga-mo-to	– . – –	Z Zor-ro-man-tel	– – . .		
Ä Ä-Koh-len-stoff	. – . –	Ö Ö-ko-no-mie	– – – .	Ü Ü-ber-rock-knopf	. . – –		

Mülltrennung

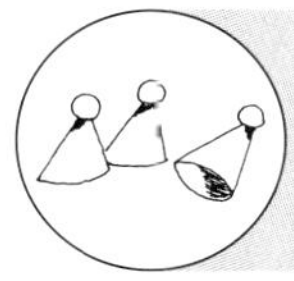

5.–7. Klasse

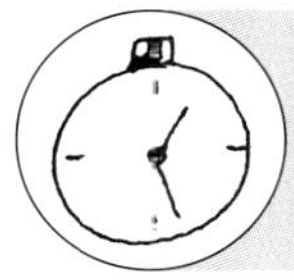

45–90 min

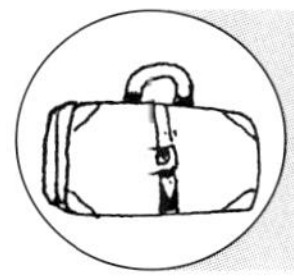

Plakate, Stifte, Arbeitsblätter

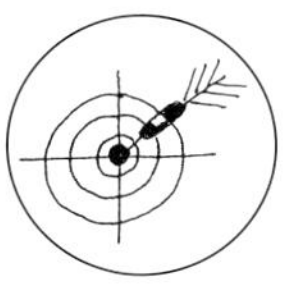

- Müll trennen können
- Umweltbewusstsein schaffen
- Einsicht, möglichst wenig Müll zu produzieren

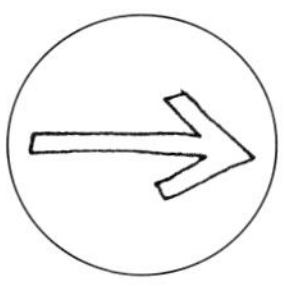

- Arbeitsblatt kopieren
- verschiedenen Müll sammeln (Glasflaschen, Papier, Plastikverpackungen)

Der Lehrer breitet den mitgebrachten Müll auf einem Tisch aus und bittet die Schüler, Müll aus ihren Taschen dazuzulegen. Mithilfe des Arbeitsblattes erläutert der Lehrer in einem Unterrichtsgespräch, was mit dem anfallenden Müll passiert. Dabei soll auch deutlich werden, wie man persönlich zu Hause und auch in der Schule Müll vermeiden kann.
Auf einem Plakat sollen die Schüler in Gruppen Gegenstände malen, beschriften und den entsprechenden Bereichen (Recycling, Biomüll, Restmüll, Sondermüll) zuordnen. Die Ergebnisse werden im Plenum präsentiert.

- Falls 90 Minuten zur Verfügung stehen, erhalten die Schüler den Auftrag, in der Schule und auf dem Schulgelände Müll zu sammeln und zu sortieren.
- Statt Gegenstände und Müll zu zeichnen, können die Schüler auch aus Zeitschriften Bilder ausschneiden und auf die Plakate kleben.

Vielleicht kann sich aus der Unterrichtsstunde ein Projekt „Saubere Schule" entwickeln, das in anderen Unterrichtsstunden weiterentwickelt wird.

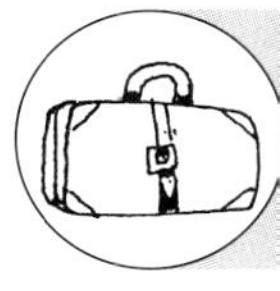

alte Zeitschriften und Werbeprospekte

RECYCLING

Jeder Mensch verursacht im Jahr etwa 300 kg Müll. Vieles davon kann wiederverarbeitet werden (z.B. Papier, Glas und Metall). Das nennt man Recycling. Auf den Verpackungen, die wiederverarbeitet werden können, findet man ein Zeichen: den grünen Punkt. Diese gehören nicht in den Hausmüll, sondern können zu den Wertstoffsammelstellen gebracht werden. Der gesammelte Müll geht in entsprechende Fabriken, wo er zu neuen Produkten weiterverarbeitet oder wiederverarbeitet (z.B. Papier zu Umweltpapier) wird. Was nicht weiterverarbeitet werden kann (z.B. Sperrmüll) kommt in Verbrennungsanlagen.

BIOMÜLL

Obst- und Gemüseabfälle, Teebeutel und Kaffeefilter verrotten mit der Zeit und können nach einer bestimmten Zeit z. B. als Dünger verwendet werden. Das ist sogenannter Biomüll, der in vielen Haushalten auf dem Komposthaufen gesammelt wird.

RESTMÜLL

Alles, was nicht wiederverarbeitet werden kann, kann in die normale Mülltonne geworfen werden. Diese wird regelmäßig von der Müllabfuhr abgeholt und zur Mülldeponie oder Verbrennungsanlage gebracht.

SONDERMÜLL

Giftige Stoffe (z.B. Farbe, Druckerpatronen, Öl) dürfen nicht einfach weggeschüttet oder weggeworfen werden, weil sie die Umwelt schädigen, wenn sie auf der Mülldeponie landen, z.B. weil Gifte in das Grundwasser sickern. Sie können bei Schadstoffmobilen abgegeben werden, die sie zu speziellen Verbrennungsanlagen bringen.

Notiert auf Plakaten die vier Bereiche und malt und schreibt die entsprechenden Gegenstände darauf. Unterhaltet euch dabei über Möglichkeiten der Mülltrennung.

Politik-TABU

7.–10. Klasse

45 min

Begriffskarten, evtl. Sanduhr

spielerische Erarbeitung politischer Begriffe

kopieren und ausschneiden der Wissenskarten

Das Wissensquiz wird in der Form des bekannten Spiels „TABU" durchgeführt. Dazu werden zunächst zwei Gruppen gebildet. Jede Gruppe erhält 10 Karten. Die Gruppe einigt sich auf Begriffe, die beim Erraten nicht genannt werden dürfen. Sie werden auf den Karten notiert. Auf leeren Karten können die Gruppen eine festgelegte Zahl weiterer Begriffe notieren.
Nun beginnt das Spiel: Nacheinander stellt jede Gruppe einen Spieler, der eine Karte zieht und den Begriff innerhalb einer vorgegebenen Zeit (ca. 2 min) beschreibt, ohne die Tabuwörter zu nennen. Seine Gruppe soll ihn erraten. Ein Spieler der gegnerischen Mannschaft kontrolliert, dass keines der Tabuwörter benutzt wird. Nicht erlaubt ist das Erklären in anderen Sprachen und pantomimische Darstellung. Für jeden Begriff, der erraten wird, erhält das Team einen Punkt. Das Team, das am Schluss die meisten Punkte hat, ist Sieger.
Nach Beendigung der Spielrunde werden alle Begriffe nochmals in einem Gespräch erläutert.

- Damit das Spiel noch spannender wird, kann die Zahl der zu meidenden Begriffe erhöht werden.
- Das Spiel lässt sich mit allen möglichen Themen durchführen. Dazu kann jede Gruppe die Karten mit je vier Tabuwörtern für die andere Gruppe erstellen.

Wenn ein Spieler in Bezug auf die Bedeutung des Begriffs unsicher ist, kann der Lehrer ihm helfen. Wenn er den Begriff gar nicht kennt, kann die Karte für das andere Team verwendet werden.

Politik-TABU

REGIERUNG	BUNDESKANZLER	BUNDESPRÄSIDENT	CDU ....
MINISTERPRÄSIDENT	FINANZMINISTERIUM	HORST KÖHLER	ANGELA MERKEL ....
REICHSTAG	WAHLEN	BUNDESTAG	BERLIN ....
MINISTER	BUNDESLÄNDER	FRAKTION	SPD ....
STEUERN	DEMOKRATIE	EUROPA	POLITIK ....
GESETZE	LANDTAG	PARTEI	DDR ....
SOZIALKUNDE	POLITIKER	AUSSENMINISTER	STAAT ....

Rekorde

5.–8. Klasse

45 min

Arbeitsblätter

- persönliche Rekorde entdecken
- auf Stärken achten

Arbeitsblatt kopieren

Der Lehrer stellt zunächst die auf dem Arbeitsblatt notierten 10 Rekorde vor. Die Schüler versuchen, die Lösungen zu finden. Nach der Nennung des richtigen Ergebnisses erfolgt ein kurzes Gespräch über die Bedeutung des jeweiligen Rekords.

Nun können Sie gemeinsam mit der Klasse überlegen, welche Rekorde in der Klasse zu finden sind. Dabei sind auch originelle Rekorde erwünscht. Durch Nachfrage werden die jeweiligen Rekorde ermittelt und notiert. Dabei werden die Rekorde im Gespräch erläutert.

Falls ein Internetzugang verfügbar ist, können die Schüler zunächst selbst Rekorde recherchieren und diese vorstellen.

- Weitere Rekorde können im Internet unter http://www.guinnessworldrecords.de eingesehen werden.
- Sinnvoll ist auch, in Gruppen nach fachspezifischen Rekorden zu suchen.
  Es sollte darauf geachtet werden, dass auch die unauffälligen und leisen Schüler ermuntert werden, nach persönlichen Rekorden zu suchen.

evtl. Internetzugang

Lösungen:

1) 7,51 m
2) 2,57 m
3) 1 300
4) 1,849 kg
5) 110,3 m
6) 723 Silben in 51,27 Sekunden
7) 24 Stunden 03 Sekunden
8) 44,22 Sekunden
9) 15 070 km
10) 25 h 25 min
11) Asien (4,01 Mrd. Einwohner)
12) Volksrepublik China (1,330 Mrd. Einwohner)
13) Gepard (bis zu 120 km/h)
14) der afrikanische Elefant (Schulterhöhe: bis 3,0 Meter; Gewicht: ca. 7 t)
15) Mount Everest (8 848 m)
16) Nil (6 671 km)
17) Sahara (9 100 000 km²)
18) Hochchinesisch/Mandarin (907 Mio. Menschen)
19) 1 928 Mio.
20) 30 Stunden 59 Minuten und 27 Sekunden

Rekorde

Im Guinnessbuch der Rekorde werden am laufenden Band neue Rekorde benannt, die Menschen aufstellen. Aber auch Rekorde im Bereich Geografie oder Biologie sind interessant. Hier könnt ihr zunächst einmal raten:

	Vermutung	Lösung
1. der längste Fingernagel der Welt		
2. der größte lebende Mann		
3. die größte Sammlung signierter Drumsticks		
4. der schwerste Apfel		
5. die längste Modelleisenbahn		
6. der schnellste Rap-MC		
7. das längste Konzert einer Einzelperson		
8. die schnellste SMS (160 Zeichen)		
9. die längste Fahrt eines Solarautos		
10. das längste Tenniseinzel		
11. der einwohnerreichste Kontinent		
12. das einwohnerreichste Land		
13. das schnellste Säugetier		
14. das größte Säugetier		
15. der höchste Berg über dem Meeresspiegel		
16. der längste Fluss		
17. die größte Wüste		
18. die meistgesprochene Sprache		
19. die größte Religionsgemeinschaft		
20. der längste Kuss		

Klassenrekorde

Auch in deiner Klasse gibt es Menschen, die Rekorde aufzuweisen haben. Hier einige Vorschläge, die ihr ergänzen könnt.

	Name	Rekord
die meisten Geschwister		
die ältesten Großeltern		
die größte Schuhgröße		
die längste Flugreise		
die längsten Haare		
der weiteste Sprung		
die meisten Sprachen		
der verrückteste Kleidungsstil		
die besten Noten		
der größte Redner		

Sprachenvielfalt

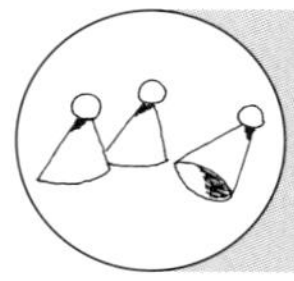

5.–10. Klasse

45–90 min

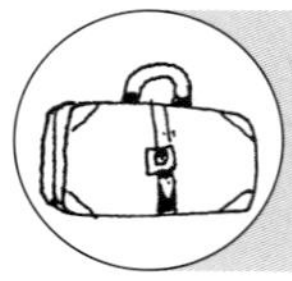

Arbeitsblatt, evtl. Wörterbücher

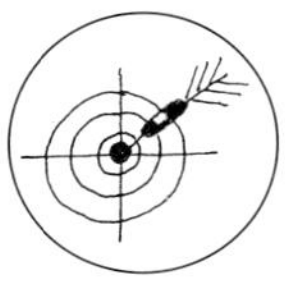

andere Sprachen und deren Aussprache und Schreibweise kennenlernen und üben

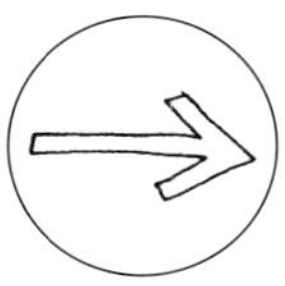

- Arbeitsblatt kopieren
- kurze Einführung der fremdsprachigen Schüler in die Planung der Stunde

In unserer multikulturellen Gesellschaft herrscht eine Sprachenvielfalt. Das wird besonders in den Schulen deutlich. Die Schüler sollen in der Unterrichtsstunde einen Einblick in verschiedene Sprachen und die Muttersprache von Mitschülern erhalten.
Nach einer kurzen Einführung in die Thematik werden verschiedene Gruppen gebildet, die sich mit dem Arbeitsblatt beschäftigen.
Im zweiten Teil sollen Schüler mit anderssprachigem Hintergrund ihren Mitschülern in den Gruppen eine Einführung in ihre Sprache geben. Dabei sollen kurze Sätze (z.B. Begrüßung, „Ich heiße ...“) eingeübt werden, die dann am Schluss der Stunde präsentiert werden.

- Wenn mehrere Schüler eine Sprache sprechen, kann ein Schüler einen spontanen Vortrag halten, den ein anderer in die deutsche Sprache übersetzt.
- Die Begrüßungsformeln der verschiedenen Sprachen können auf Zettel geschrieben werden. Die Schüler sollen zuordnen, welche Formel zu welcher Sprache gehört, und dann verbinden, was miteinander verwandt ist. Das ist aber nur möglich, wenn der Lehrer ein entsprechendes Hintergrundwissen besitzt (Sprachfamilien, etymologische Herleitungen u.Ä.).

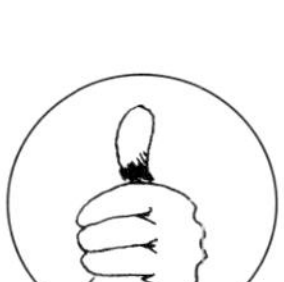

- Die fremdsprachigen Schüler sollten zu der Aufgabe nicht gezwungen werden.
- Diese Übung kann natürlich nur durchgeführt werden, wenn es mehrere ausländische Schüler in der Klasse gibt.
- Natürlich können auch nicht alle Wörter auf dem Arbeitsblatt korrekt ausgesprochen werden, aber allein der Versuch, andere unbekannte Laute zu formulieren, kann interessant sein.

Sprachenvielfalt

Es gibt auf der Welt etwa 6 700 verschiedene Sprachen. Eine Milliarde Menschen haben Hochchinesisch/Mandarin als Muttersprache. Es folgt Spanisch mit ca. 450 Millionen Menschen und Englisch an dritter Stelle mit etwa 340 Millionen Menschen. 189 Millionen Menschen sprechen Bengali (Bangladesch) und ca. 182 Millionen Hindi (Indien).

Hier eine kleine Auswahl an Übersetzungen zwei verschiedener Sätze:

	Ich liebe dich	**Guten Tag (Begrüßung)**
Arabisch	Ana hebbek	Salam
Bengalisch	Aami tomaake bhaalo baashi	Nomoskar
Bulgarisch	Obicham te	'Dober den
Chinesisch	Wo ai ni	Nǐ hǎo
Dänisch	Jeg elsker dig	God dag
Englisch	I love you	Hello
Finnisch	Minä rakastan sinua	Hyvää päivää
Flämisch	Ik zie u graag	Goede morgen (Morgen) Goede middag (Nachmittag) Goede avond (Abend)
Französisch	Je vous aime	Bon jour
Griechisch	S'ayapo	Gia / Ka imera (guten Morgen)
Hawaiianisch	Aloha wau ia , oe	Huuutahhh / Aloha
Hebräisch – Mann zu Frau Hebräisch – Frau zu Mann	Anee ohev otakh Anee ohevet otkha	Shalom
Holländisch	Ik hou van je	Goede morgen (Morgen) Goede middag (Nachmittag) Goede avond (Abend)
Irisch	Taim ingra leat	Dia duit
Italienisch	Ti amo	Ciao
Japanisch	Kimi o ai shiteru	Konnichiwa
Kiswahili	Nakupenda	Jambo oder Hujambo
Kurdisch	Ez te hezdikhem	Roj bas
Kroatisch	Volim te	Dobar dan
Latein	Te amo	Salve
Lettisch	Es tevi milu	Labdien
Luxemburgisch/Letzeburgisch	Ech hun dech gär	Moien / Gudde moien (Morgen)
Maori (Neuseeland)	Kua aroha au kia koe	Kia ora
Norwegisch	Jeg elsker deg	God dag
Nyanja / Afrika	Ninatemba	Mwachoma mbwanji
Polnisch	Kocham cie	Dzień dobry
Pulaar (Senegal)	Mbe de yid ma	
Rumänisch	Te iubesc	Bună ziua
Russisch	A tyebya lyublyu	Dobrii den
Serbisch	Volim te	Dobar dan
Slowenisch	Ljubim te	'Dober da:n
Spanisch	Te amo	Buenos días
Schwedisch	Jag älskar dig	God dag
Schweizerisch	I liäbä di	Guete tog
Tschechisch	Miluji te	Dobrý den
Tswana / Afrika	Ke a go rata	Dumela
Türkisch	Ben seni seviyorum	Merhaba
Ukrainisch	Ya tebe kokhayu	Dobroho dnya
Ungarisch	Szeretlek	Jó napot kívánok
Zulu	Mena tanda wena	Sawubona

Lest euch die Übersetzungen zunächst einmal durch und versucht, die Wörter auszusprechen. Wie viele Sprachen sind in eurer Klasse vertreten? Bildet mehrere Gruppen, in denen euch die Mitschüler ein wenig in ihre Muttersprache einführen. Übt einige Sätze und präsentiert am Ende der Stunde die Vielfalt der Sprachen.

Die Sprachfamilien

Es gibt Sprachen, die in vielen Lauten sehr ähnlich klingen. Sie haben dann alle eine gemeinsame Ursprache. Solche Sprachen hat man zu Sprachfamilien zusammengefasst. Weltweit gibt es etwa 6500 verschiedene Sprachen und 180 Sprachfamilien. Es gibt aber auch ca. 120 sogenannte isolierte Sprachen, die keiner Sprachfamilie zuzuordnen sind. Die Sprachwissenschaftler vergleichen die Sprachen miteinander, um sie dann zu ordnen.

Die deutsche Sprache gehört zur indoeuropäischen Sprachfamilie. Sie besteht aus insgesamt 280 Sprachen, die von 2,5 Milliarden Menschen vor allem in Europa und Südwest- und Südasien gesprochen werden. Dazu gibt es wiederum Untereinheiten wie z. B. Keltisch (Bretagne, Wales, Schottland), Slawisch (Ost-Südost-Europa, Sibirien) oder Italisch (Europa, Lateinamerika).

Die zweitgrößte Sprachfamilie heißt Sinotibetisch, die von fast 1,3 Millionen Menschen in China, der Himalaya-Region und in Südostasien gesprochen werden.

Weitere Sprachfamilien sind etwa Afroasiatisch, Nilo-Saharisch, Niger-Kongo-Sprachen, Khoisan-Sprachen, Uralisch oder Austronesisch.

Auf der folgenden Karte könnt ihr einige Sprachfamilien und ihre Verbreitung sehen.

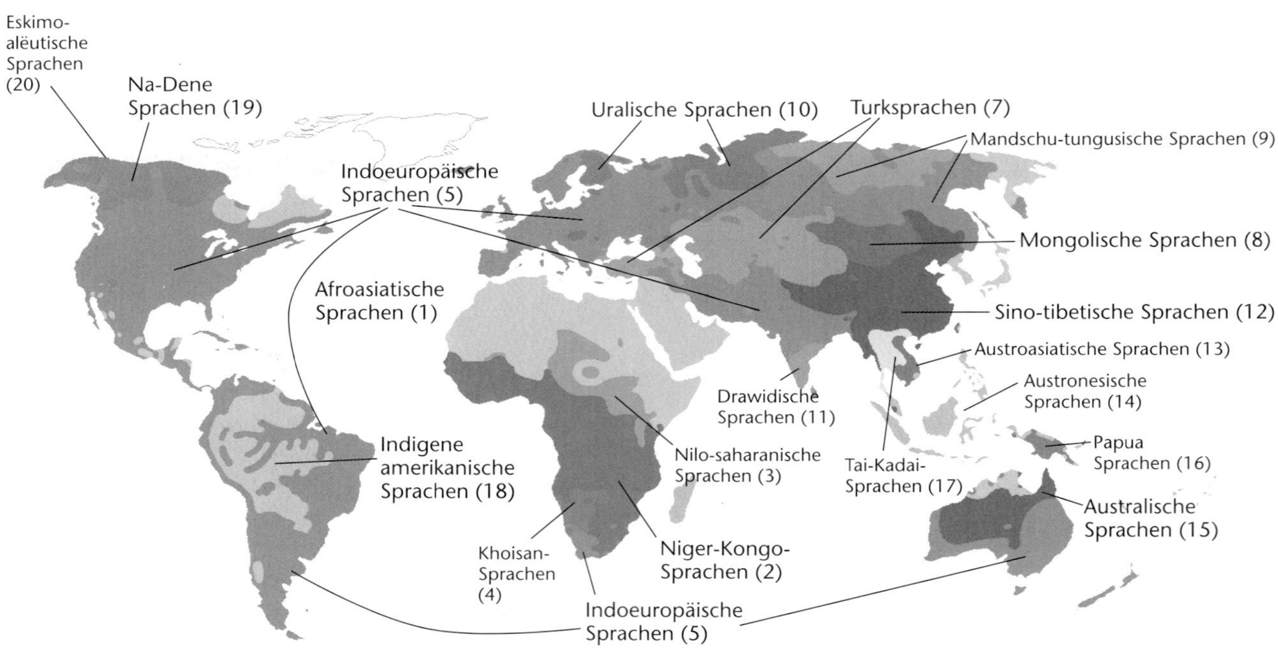

Sprachfamilien der Welt

1. Afroasiatische Sprachen	8. Mongolische Sprachen	15. Australische Sprachen
2. Niger-Kongo-Sprachen	9. Mandschu-tungusische Sprachen	16. Papua-Sprachen
3. Nilo-saharanische Sprachen	10. Uralische Sprachen	17. Tai-Kadal-Sprachen
4. Khoisan-Sprachen	11. Drawidische Sprachen	18. Indigene amerikanische Sprachen
5. Indoeuropäische Sprachen	12. Sino-tibetische Sprachen	19. Na-Dene Sprachen
6. Kaukasische Sprachen	13. Austroasiatische Sprachen	20. Eskimo-aleütische Sprachen
7. Turksprachen	14. Austronesische Sprachen	21. Isolierte Sprachen

Einen interessanten Überblick über die Sprachfamilien findest du im Internet unter:
http://homepages.fh-giessen.de/kausen/klassifikationen/Sprachfamilien.doc

Stadt – Land – Fluss

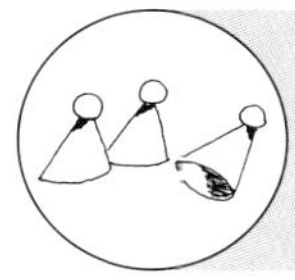

5.–10. Klasse

45 min

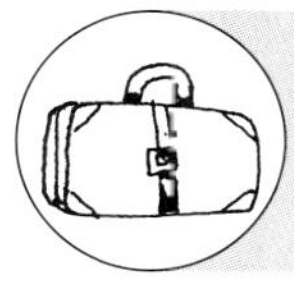

Arbeitsblatt, Atlas, Nachschlagewerke

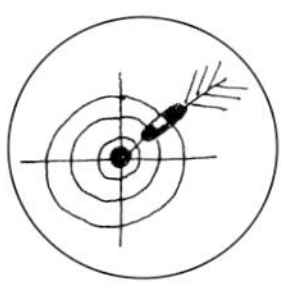

spielerisch Wissen verarbeiten

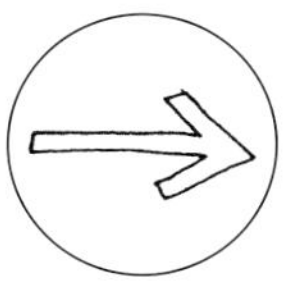

Die Schüler benötigen ein Arbeitsblatt mit Spalten, in die die Ergebnisse eingetragen werden.

Die Klasse wird in mehrere Spielgruppen eingeteilt. Die Kategorien werden festgelegt und in die Liste eingetragen. Die Anzahl der Spielrunden oder eine Zeit wird vereinbart.
Auf ein Zeichen beginnt jede Gruppe mit dem Spiel. Ein Spieler sagt leise das Alphabet auf, bis ein anderer laut „Stopp!" ruft. Der Buchstabe wird genannt und alle notieren die Begriffe mit dem genannten Anfangsbuchstaben unter den einzelnen Kategorien.
Wer als Erster alle Felder beschrieben hat, ruft „Fertig!" und alle legen ihre Stifte hin. Jeder muss so lesbar schreiben, dass der Nachbar das Wort entziffern kann.
Die Punkteverteilung:

- 0 Punkte: falsche oder keine Antwort
- 5 Punkte: gleiche Antwort mehrerer Spieler
- 10 Punkte: richtige einmalige Lösung
- 20 Punkte für den Spieler, der als einziger einen Eintrag in das Feld gemacht hat.

Die Punkte werden zusammengezählt und auf der Liste eingetragen. Ein neuer Buchstabe wird gesucht usw.
Nach dem Ende der Spielrunde treten die Sieger der einzelnen Gruppen gegeneinander an und somit wird der Klassensieger ermittelt.
Um das Wissen zu vertiefen, werden die genannten Ergebnisse kurz besprochen (Wo liegt die Stadt? War jemand schon einmal dort?). Dazu können Nachschlagewerke sehr hilfreich sein. Städte, Länder und Gewässer, die nicht allen Schülern bekannt sind, können auch im Atlas nachgeschlagen werden.

Die ganze Klasse spielt zusammen. Statt aufzuhören, wenn der Erste fertig ist, dauert eine Spielrunde eine bestimmte Zeit. So haben die Schüler mehr Zeit, auch nach ausgefalleneren Antworten zu suchen.

Neben den altbekannten Kategorien wie Stadt, Land, Fluss, Tier, Name und Beruf können neue Kategorien gesucht werden. Hier einige Vorschläge:
Schauspieler – Musiker/in – Filmtitel – Musiktitel – Speisen – Hobbys – Körperteile und Organe – Musikinstrumente – Sportarten – Rund um Religion – Modemarken – Automarken – Krankheiten – Fußballspieler – Obst – Werkzeuge

Superhelden

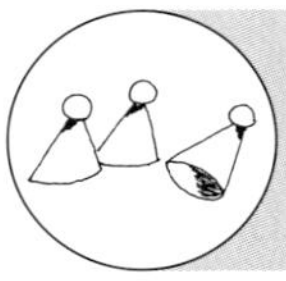

5.–7. Klasse

45 min

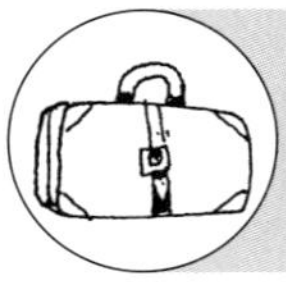

Umhängeschilder, Stifte

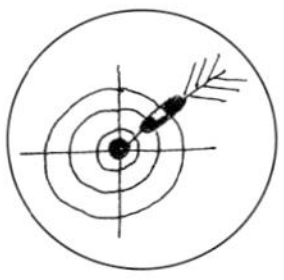

- überlegen, warum Kinder Superhelden brauchen
- spielerische Überlegungen, wie die Welt verändert werden kann

Der Lehrer schreibt die Überschrift „Superhelden" an die Tafel. Die Schüler sollen nun die außergewöhnlichen Helden nennen, die sie aus Büchern oder Filmen kennen (z.B.: James Bond, Harry Potter, Homer Simpson, Spiderman, Batman, Jackie Chan, Pippi Langstrumpf, Mickey Maus, Asterix, Pokemon, Lara Croft, Benjamin Blümchen). Dabei beschreiben die Schüler, was die Superhelden besonders auszeichnet. Hierbei sollten nicht nur der Mut und die außergewöhnlichen Kräfte genannt werden, sondern auch Eigenschaften wie Menschlichkeit und Bescheidenheit.
Es werden anschließend mehrere Gruppen gebildet (Gruppe Superman, Gruppe Pippi Langstrumpf usw.). Jede Gruppe hat die Aufgabe, sich auf eine Konferenz der Superhelden vorzubereiten. Dabei soll darüber diskutiert werden, was der Einzelne mit seinen Fähigkeiten tun kann, um die Welt zu verändern. Aus jeder Gruppe übernimmt ein Schüler die entsprechende Rolle. Das Rollenspiel kann beginnen.
Nach der Spielrunde werden die Ergebnisse besprochen.

- Die Gruppen formulieren einen Satz, der typisch ist für ihren Superhelden („Ich bin Supermann und ich kann mit meinen Kräften jeden Krieg verhindern."). Mit diesem Satz stellen sich die Spieler am Beginn des Rollenspiels vor.
- Im Mittelpunkt einer ganz neuen Spielrunde könnten aber auch ganz reale Helden aus der Geschichte und Gegenwart stehen (z.B. Jesus, Mahatma Ghandi, Mutter Teresa, Oskar Schindler). Auch sie haben heldenhafte Taten vollbracht – Taten der Menschlichkeit.
- Eine weitere Form könnte sich mit den Helden des Alltags beschäftigen, die oft ganz unbemerkt gute Taten vollbringen.

Es sollte nicht unerwähnt bleiben, dass jeder mit seinen Fähigkeiten, seien sie noch so gering, etwas in dieser Welt verändern kann.

Verpackungsangaben

7.–10. Klasse

45 min

- Joghurtbecher, Chipstüte, Getränkedose oder -flasche, Schokolade u.a.
- Arbeitsblatt
- Nachschlagewerke, Internetzugang

- Nahrungsmittel aufgrund der Verpackungsangaben bewerten lernen
- Nährwerttabellen lesen (und beurteilen) können

- unterschiedliche Verpackungen suchen und mitnehmen
- Arbeitsblatt kopieren

Die Schüler sollen die unterschiedlichen Nahrungsmittelverpackungen, die sie bei sich haben, auspacken und auf die Bank legen. Der Lehrer erläutert kurz das Vorhaben der Stunde: Die Schüler sollen auf dem Arbeitsblatt die Werte, die auf der Verpackung stehen, notieren. Dabei sollte jeder Schüler mindestens eine Verpackung begutachten. Die einzelnen Produkte werden nun vorgestellt („Meine Flasche Cola enthält …"). Die Schüler lesen nun den kurzen Text zur Bedeutung der Nährwerte und die Angaben zum Energiebedarf. Das kann am Beispiel eines Produkts genauer beschrieben werden. In Kleingruppen sollen die Schüler die notierten Verpackungsangaben aus dem Blickwinkel der Nährwerte untersuchen und bewerten (z.B.: Wie viel Fett enthält meine Schokolade? Wie viel Kohlenhydrate nehme ich an einem Tag etwa zu mir?).

- Aussehen, Farbe, Geruch und Geschmack der Produkte bewerten
- Die Schüler sortieren die Verpackungen nach Kalorien, ohne vorher auf die Angaben zu schauen. Nach dem Ausfüllen der Tabelle können sie ihre Annahmen überprüfen.
- Die Schüler stellen mithilfe der Verpackungen eine Kiste an Lebensmitteln zusammen, die den Kalorienbedarf eines Jugendlichen decken würden.

Wer keine Nahrungsmittel bei sich hat, erhält von den Mitschülern bzw. dem Lehrer Verpackungen.

Verpackungsangaben

Was du zu den Nährstoffen wissen solltest:
Die in den Lebensmitteln enthaltenen Nährstoffe (Fett, Kohlenhydrate und Eiweiße) geben uns die Energie, die wir brauchen. Der Energiegehalt und -bedarf der Nahrung und Nährstoffe wird in Kilokalorien (kcal) oder in Kilojoule (kJ) gemessen (1 kcal = 4,2 kJ).
Wie viel Energie liefern die Hauptnährstoffe?

1 g Fett = 39 kJ = 9,3 kcal
1 g Eiweiß = 17 kJ = 4,1 kcal
1 g Kohlenhydrate = 17 kJ = 4,1 kcal

Wie viel Energie wir mit unseren Mahlzeiten zu uns nehmen müssen, hängt von unserem Energiebedarf ab. Dabei sind Geschlecht, Alter, Körpergröße, -gewicht und die körperlichen Aktivitäten entscheidend.
Der tägliche Energiebedarf eines Jugendlichen liegt bei etwa 2 300–2 500 kcal.

Bei einer gesunden und ausgewogenen Ernährung sollten wir 55–60 % der Nahrungsenergie mit Kohlenhydraten (z.B. Getreide, Kartoffeln) decken, 10–15 % mit Eiweiß (z.B. Fleisch, Fisch, Milchprodukte) und nicht mehr als 30 % der Kalorien als Fett.

Welche Informationen findest du auf der Verpackung?

Produktname:

Umschreibung / Slogan:

Hersteller: Menge: Preis: Haltbarkeit:

Zutatenliste:

Was der Hersteller verspricht:

Nährwert pro 100 g:
Brennwert: kJ / kcal
Eiweiß:
Kohlenhydrate:
Fett:

Geschmack:

Geruch:

Aussehen:

weitere Angaben:

eigenes Fazit:

Wer bin ich?

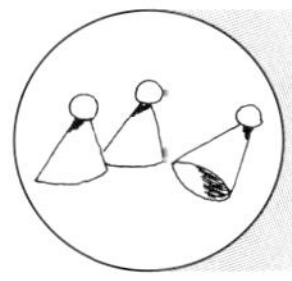

5.–10. Klasse

45 min

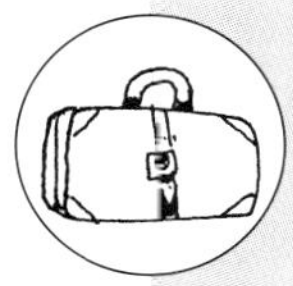

Klebezettel, evtl. Kreppklebeband oder Tesafilm

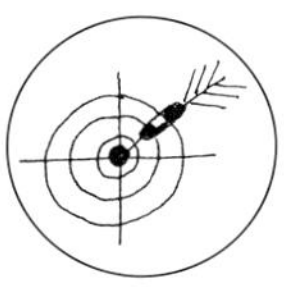

die Namen von Persönlichkeiten aus unterschiedlichen Fachbereichen erraten und Informationen zu ihnen austauschen

In vielen Fächern erfahren die Schüler von interessanten Persönlichkeiten, die durch eine besondere Tat oder sogar eine Erfindung bekannt wurden, z.B. Charles Darwin (Biologie), Napoleon (Geschichte), Jesus (Religion), Pythagoras (Mathematik). In diesem Spiel geht es darum, solche Personen und andere prominente Menschen zu erraten.
Schüler werden von der Klasse in eine Person „verwandelt“ und die Aufgabe besteht darin, den eigenen Namen zu erraten. Dazu darf man den anderen Schülern Ja-/Nein-Fragen stellen.

Zunächst verlassen fünf Schüler den Klassenraum. Die übrigen Schüler überlegen, welche fünf Personen geraten werden sollen, und schreiben diese auf fünf Zettel. Die Zettel werden dann den Schülern, die die Klasse wieder betreten, auf die Stirn geklebt.
Der erste Ratende stellt einem ausgewählten Mitschüler eine Frage (z.B.: Lebe ich noch?), die nur mit JA oder NEIN beantwortet werden darf. Wenn der befragte Schüler die Frage nicht beantworten kann, kann die Klasse helfen. Der ratende Schüler darf so lange weitere Fragen stellen, bis eine Frage mit NEIN beantwortet wird, dann ist der nächste Ratende an der Reihe. Wenn alle fünf Personen erraten sind, tauschen sich die Schüler darüber aus, was sie über die erratenen Personen wissen.

Anschließend stellt sich die nächste Fünfergruppe vor die Klasse.

- Die Spielregeln können geändert und erweitert werden:
  - Jeder Schüler erhält einen Joker, mit dessen Einsatz er sich eine hilfreiche Information geben lassen kann.
  - Es werden nur Personen aus einem bestimmten Fach gesucht und geraten.
  - Auf den Namenszetteln werden Sänger, Schauspieler oder Bands notiert.
  - Anstatt Personen können auch Gegenstände, Sachthemen, Flüsse oder Städte erraten werden.
  - Es können mehrere Fragen an eine Person gestellt werden.
  - Die Mitspieler, die am Rand stehen, können den Suchenden ein Wort nennen, das ihnen weiterhelfen kann.
  - Während des Spiels kann die Anzahl der Fragen der einzelnen Schüler mit entsprechender Punktezahl (NEIN = 2 Punkte, JA = 1 Punkt) notiert werden. Wer am Ende die wenigsten Punkte vorzuweisen hat, hat gewonnen.

- Der Lehrer und die Mitschüler müssen abschätzen, ob der Ratende die Person wohl kennt oder nicht.
- Auf der Seite „Die Idole der Deutschen" (S. 33) finden Sie als Anregung eine Liste mit Namen bekannter Persönlichkeiten.
- Durch geschicktes Formulieren kann man viele Jas als Antworten bekommen, z. B. „Ich bin keine Engländerin?" – „Ja, du bist keine Engländerin."

Die Zehn Gebote

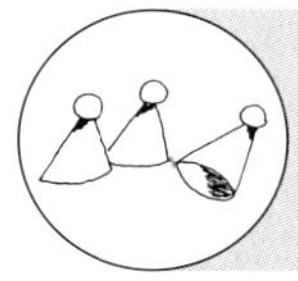

7.–10. Klasse

45 min

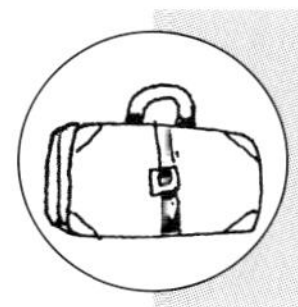

Arbeitsblatt, Bibel, evtl. Koran, evtl. Grundgesetz

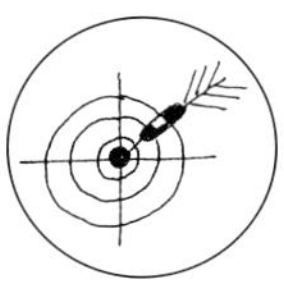

die Zehn Gebote kennen und Vergleiche zu anderen Religionen herstellen

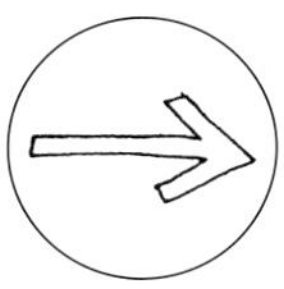

Arbeitsblätter kopieren

Die Zehn Gebote aus der Bibel verstehen sich als Hilfen für ein gutes Zusammenleben der Menschen. Auch in anderen Religionen und Verfassungen gibt es Entsprechungen. Die Schüler sollen zunächst in Einzelarbeit aus den verschiedenen „Geboten für das Leben" die Originalgebote aus der Bibel finden. Sie lauten:

1. Du sollst keine anderen Götter neben mir haben.
2. Du sollst den Namen Gottes nicht verunehren.
3. Du sollst den Tag des Herrn heiligen.
4. Du sollst Vater und Mutter ehren.
5. Du sollst nicht töten.
6. Du sollst nicht ehebrechen.
7. Du sollst nicht stehlen.
8. Du sollst nicht falsch aussagen gegen deinen Nächsten.
9. Du sollst nicht begehren die Frau deines Nächsten.
10. Du sollst nicht begehren das Hab und Gut deines Nächsten. (Ex 20,2-17; Dt 5,6-21)

Anschließend sollen die Schüler versuchen, die entsprechende Stelle in der Bibel zu finden. Danach kann gemeinsam darüber gesprochen werden, welche der anderen Gebote für das Miteinander in einer Gesellschaft von Bedeutung sind.

Mit dem zweiten Arbeitsblatt können die Schüler die Zehn (jüdischen/christlichen) Gebote mit Entsprechungen anderer Religionen vergleichen.
Anschließend kann überlegt und diskutiert werden, ob die Gebote der Religionen im deutschen Grundgesetz und in den Menschenrechten verankert sind, und ob das sinnvoll ist.

- Eine Gruppe könnte den Text des Grundgesetzes durchsuchen und herausfinden, wo Inhalte der Zehn Gebote wiederzufinden sind (4. Gebot – Artikel 1 GG, 5. Gebot – Artikel 2 GG, 6. Gebot – Artikel 6 GG, 7. Gebot – Artikel 14 GG, 8. Gebot – Atikel 5 GG).
- Sie können auch mit der Klasse gemeinsam versuchen, eigene „Zehn Gebote" zu formulieren.

Die Zehn Gebote – Original oder Fälschung?

Die Zehn Gebote gehören zu den bekanntesten Texten der Bibel. Nachdem das Volk Israel von Mose aus Ägypten geführt wurde, gab ihnen Gott die Zehn Gebote mit für ein menschenwürdiges Leben in Freiheit.

Die folgende Liste enthält eine Vielzahl an Geboten für das Leben. Lies sie und streiche an, welche Formulierungen zu den wirklichen Zehn Geboten aus der Bibel gehören. Suche anschließend zehn Forderungen, die du persönlich für ganz wichtig hältst.

- Du sollst keine Angst vor Autoritäten haben.
- Du sollst anderen Menschen nicht schaden.
- Du sollst Gott suchen.
- Du sollst Vater und Mutter ehren.
- Du sollst nicht begehren das Hab und Gut deines Nächsten.
- Du sollst keinen Menschen beleidigen.
- Du sollst nicht töten.
- Du sollst nicht falsch aussagen gegen deinen Nächsten.
- Du sollst den Namen Gottes nicht missbrauchen.
- Du sollst dir nichts gefallen lassen.
- Du sollst nicht ehebrechen.
- Du sollst keine anderen Götter neben mir haben.
- Du sollst alte Menschen respektieren.
- Du sollst immer deinen Vorteil suchen.
- Du sollst nicht stehlen.
- Du sollst dein Leben genießen.
- Du sollst deine Kinder nicht schlagen.
- Du sollst deinem Partner treu sein.
- Du sollst nicht an falsche Götter glauben.
- Du sollst armen Menschen helfen.
- Du sollst keine Kriege führen.
- Du sollst nicht angeben.
- Du sollst dich gegen jede Form von Ungerechtigkeit einsetzen.
- Du sollst andere Menschen so behandeln, wie du selbst behandelt werden möchtest.
- Du sollst den Tag des Herrn heiligen.
- Du sollst deine Träume verwirklichen.
- Du sollst nicht negativ denken.
- Du sollst an das Gute im Menschen glauben.
- Du sollst an dich und deine Fähigkeiten glauben.
- Du sollst freundlich zu der Erde sein.
- Du sollst Risiken meiden.
- Du sollst dich selbst respektieren.
- Du sollst etwas aus deinem Leben machen.
- Du sollst nicht begehren die Frau deines Nächsten.
- Du sollst böse Menschen meiden.
- Du sollst die Liebe zur Grundlage deines Lebens machen.
- Du sollst deine Feinde lieben.
- Du sollst deine Gesundheit pflegen.
- Du sollst das Leiden anderer Menschen verhindern.
- Du sollst helfen, wo man dich braucht.
- Du sollst nicht neidisch sein.
- Du sollst Verantwortung übernehmen.
- Du sollst viel lachen.
- Du sollst dich nicht ärgern.
- Du sollst ein Original bleiben und andere Menschen nicht kopieren.
- Du sollst jeden Tag eine gute Tat vollbringen.
- Du sollst keine Angst haben.

Gebote in den Weltreligionen

Die Zehn Gebote der Bibel
(Altes Testament: Ex 20,2-17; Dt 5,6-21)

1. Du sollst keine anderen Götter neben mir haben.
2. Du sollst den Namen Gottes nicht verunehren.
3. Du sollst den Tag des Herrn heiligen.
4. Du sollst Vater und Mutter ehren.
5. Du sollst nicht töten.
6. Du sollst nicht ehebrechen.
7. Du sollst nicht stehlen.
8. Du sollst nicht falsch aussagen gegen deinen Nächsten.
9. Du sollst nicht begehren die Frau deines Nächsten.
10. Du sollst nicht begehren das Hab und Gut deines Nächsten.

Die Zehn Gebote des Buddhismus
(angepasst an die Form der jüdisch-christlichen Gebote)

1. Du sollst nicht anderes Leben töten.
2. Du sollst nicht nehmen, was dir nicht gegeben wird.
3. Du sollst dich nicht auf geschlechtliche Verfehlungen einlassen.
4. Du sollst nicht die Unwahrheit sagen.
5. Du sollst nicht berauschende Getränke trinken.
6. Du sollst nicht nach Mittag essen.
7. Du sollst weltliche Belustigungen meiden.
8. Du sollst nicht Schmuck und Parfüm benutzen.
9. Du sollst nicht in hohen oder prächtigen Betten schlafen.
10. Du sollst nicht Gold und Silber annehmen.

Die Zehn Gebote des Islam
(nach Koran 17,22-39)

1. Setze neben Allah nicht einen anderen Gott.
2. Erweiset Güte den Eltern.
3. Gib dem Verwandten, was ihm gebührt, und ebenso dem Armen und dem Wanderer.
4. Vergeude nicht in Verschwendung.
5. Tötet eure Kinder nicht aus Furcht vor Armut.
6. Nahet nicht dem Ehebruch, siehe, das ist eine Schändlichkeit und ein übler Weg.
7. Tötet nicht das Leben, das Allah unverletzlich gemacht hat, es sei denn mit Recht.
8. Nahet nicht dem Gut der Waise, es sei denn zum Besten.
9. Verfolge nicht das, wovon du keine Kenntnis hast.
10. Wandle nicht hochmütig auf Erden.

Die 10 Gebote der Indianer
(angepasst an die Form der jüdisch-christlichen Gebote)

1. Behandle die Erde und alles was auf ihr lebt mit Respekt. Schärfe deinen Blick.
2. Bleibe stets in enger Verbindung mit dem Großen Geist. Höre auf deine innere Stimme.
3. Zeige großen Respekt vor deinen Nächsten. Bringe dir selbst Respekt entgegen.
4. Arbeite gemeinsam zum Wohle der gesamten Menschheit. Hilf, wo deine Kräfte stark sind.
5. Hilf und sei gütig wo immer dies gebraucht wird. Lieber einmal zu viel helfen.
6. Tue das, von dem du weißt, dass es richtig ist. Denke nach, bevor du handelst.
7. Kümmere dich darum, das Körper und Geist sich wohlfühlen. Wann hast du das letzte mal etwas für Körper und Geist getan?
8. Verwende einen Teil deiner Anstrengungen für das Höhere Gute. Versuch es mal mit einem Gebet.
9. Sei ehrlich und wahrheitsliebend zu jeder Zeit. Sei zu dir selbst am ehrlichsten.
10. Übernimm die volle Verantwortung für alle deine Taten. Nicht immer sind nur andere Schuld.

Vergleiche die unterschiedlichen Texte. Wo siehst du Gemeinsamkeiten bzw. Unterschiede? Welche Gebote sind in im deutschen Grundgesetz und in den Menschenrechten vertreten und welche nicht? Hältst du das für sinnvoll?

Zeitleiste

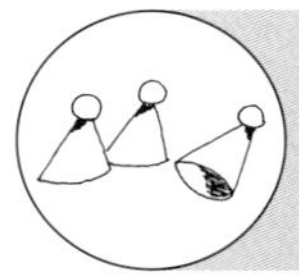

7.–10. Klasse

45–90 min

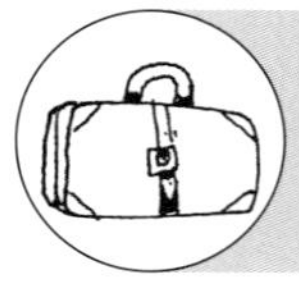

Arbeitsblatt, Schere, Klebeband

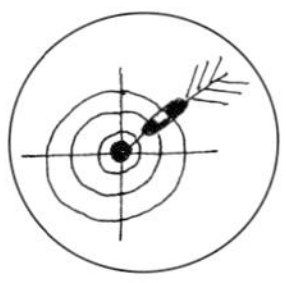

Erfindungen, Entdeckungen, geschichtliche Daten und Persönlichkeiten erläutern und zeitlich einordnen

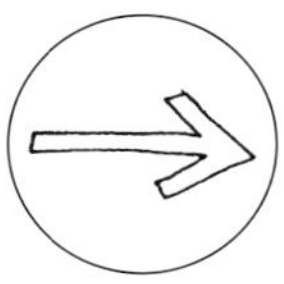

Arbeitsblatt auf festes Papier kopieren und die Kärtchen mit den Erfindungen und Daten einzeln ausschneiden, ohne die entsprechende Zahl

Ein Schüler zieht eine Karte, liest sie vor und stellt eine Vermutung zur zeitlichen Verortung an. Evtl. gibt der Lehrer einige Erklärungen. Die anderen Schüler können ihre Einschätzung auch abgeben. Dann notiert der Schüler die Jahreszahl, die er für richtig hält, mit Bleistift auf dem Kärtchen und platziert die Karte so zwischen den bereits vorhandenen, dass eine chronologisch richtige Reihenfolge entsteht. Die Karten können mit Tesa an die Tafel oder eine freie Wand geklebt oder auf dem Boden ausgelegt werden.
Nun ist der nächste Schüler an der Reihe. Er kann das Gelegte entweder anzweifeln oder zustimmen. Wenn er glaubt, dass die Reihenfolge der vorhandenen Karten stimmt, zieht er ein neues Kärtchen und verfährt, wie eben beschrieben.
Wenn er aber die Reihenfolge anzweifelt, sagt er dies, und der Lehrer enthüllt alle richtigen Jahreszahlen der offenen Kärtchen. Diese werden dann mit Filzstift oder Kugelschreiber auf den Kärtchen notiert. Wenn der Schüler mit seinen Zweifeln recht hatte und die Reihenfolge nicht gestimmt hat, scheidet sein Vorgänger aus. War die Reihenfolge aber richtig, scheidet der Zweifler aus.
Wenn ein Spieler fortfährt, also das Gelegte akzeptiert, kann es sein, dass der nächste Spieler zweifelt und er dann rausfliegt, wegen etwas, das er gar nicht selbst gelegt hat.
Das Spiel dauert so lange, bis alle Begriffe auf der Zeitleiste richtig angeordnet sind.
Wichtig: Es geht beim Ausscheiden nur um die Reihenfolge der Kärtchen, nicht darum, ob das Datum korrekt getippt wurde.
Wenn also die „Erfindung des Schwarzpulvers" zwischen der „Gründung Roms" und „Mozart" liegt ist das richtig, auch wenn der Schüler sich um ein Jahrhundert vertan hat.

- Der Lehrer verrät nach jedem Spielzug das richtige Datum, nachdem der nächste Spieler zugestimmt oder angezweifelt hat.
- Die Schüler bekommen in Gruppen je einen Satz Kärtchen und versuchen gemeinsam, diese in die richtige Reihenfolge zu bringen. Dann wird gemeinsam die Zeitleiste richtig erstellt.

- Wichtig ist, dass die Schüler zunächst selbst einmal ihr Wissen testen und kurz eine Erläuterung zu der jeweiligen Erfindung oder Person abgeben. Der Lehrer kann dann zusätzliche Erklärungen geben.
- Mit einem Lexikon oder Internetzugang können die Schüler auch weitere Kärtchen erstellen.

Lexikon, Internetzugang

Zeitleiste

32600 v. Chr.	die ersten Höhlenmalereien
6600 v. Chr.	Domestizierung des Hausrindes
6400 v. Chr.	Kartoffelanbau in Mittelamerika
3900 v. Chr.	Erfindung des Rades
3800 v. Chr.	Erfindung des Nagels
2580 v. Chr.	Fertigstellung der Cheops-Pyramide (Ägypten)
1400 v. Chr.	Schriftrollen aus Pergament (Ägypten)
1100 v. Chr.	Erfindung des magnetischen Kompasses (China)
800 v. Chr.	Einführung von Silbergeld (China)
753 v. Chr.	Gründung Roms
600–700 v. Chr.	Erfindung der Windmühle (Persien)
um 530 v. Chr.	Satz des Pythagoras
500 v. Chr.	Entstehung der Akupunktur (China)
44 v. Chr.	Ermordung Julius Cäsars
0/7 v. Chr.	Geburt Jesus von Nazareth
60	die ersten Fensterscheiben aus Glas
105	Erfindung des Papiers (China)
um 1110	Ausbreitung des Steinkohlebergbaus in Mitteleuropa
um 1120	Erfindung des Schwarzpulvers (China)
um 1130	in Europa wird die Alkoholherstellung durch Destillation bekannt

um 1180	die Windmühle taucht erstmals in Europa auf
1269	Erfindung des Kompasses in Europa
um 1320	das Spinnrad erobert Europa
1452–1519	Leonardo da Vinci
1455	Gutenberg erfindet den Buchdruck
1492	Kolumbus entdeckt Amerika
1503	Mona Lisa
1517	Anschlag der 95 Thesen durch Martin Luther
1565	Erfindung des Bleistiftes
1590	Erfindung des Mikroskops
1601	William Shakespeare „Hamlet"
1633	Galileo Galilei wird in Rom ein Prozess gemacht, weil er das heliozentrische Weltbild verbreitete
1655	erster Rollstuhl
1710	erstes Klavier/Cembalo, mit dem man laut und leise spielen kann
1752	Erfindung des Blitzableiters
1756–91	Wolfgang Amadeus Mozart
1783	Erfindung des Heißluftballons
1789	Beginn der Französischen Revolution
1811	Erfindung der Dampflokomotive
1833	Erfindung des Telegrafen

1835/36	Erfindung des Revolvers
1837	Erfindung des Elektromotors
1842	Erfindung des Phosphordüngers
1849	Erfindung der Sicherheitsnadel
1859	Charles Darwin: „Die Entstehung der Arten“ (Evolutionstheorie)
1864	Erfindung der Schreibmaschine
1867	Erfindung des Dynamits
1876	Erfindung des Telefons
1879	Erfindung der Glühbirne
1881	erster Kaiserschnitt
1883	erste gesetzliche Krankenversicherung auf deutschem Gebiet
1886	Bau des ersten Autos
1887	Erfindung der Schallplatte
1887–89	Bau des Eiffelturms
1895	erster Film
1896	Erfindung der Spülmaschine
1900	Sigmund Freud „Die Traumdeutung“
1906	erster Flug mit einem Motorflugzeug
1908	Erfindung des Kaffeefilters
1912	Untergang der Titanic
1914–18	Erster Weltkrieg

1916	Albert Einstein entwickelt die Relativitätstheorie
1918	Einführung des Wahlrechts für Frauen in Deutschland
1919	erster Tonfilm
1922	Entdeckung des Ameisenbärs
1929	erste Fernsehsendung
1930	Salzmarsch Mahatma Gandhis (gewaltloser Widerstand)
1933	das Vitamin C wird entdeckt
1939–45	Zweiter Weltkrieg
1945	Abwurf der ersten Atombombe
1948	Gründung des Staates Israel
1949	Gründung der Bundesrepublik Deutschland
1951	Entwicklung der Antibabypille
1954	Einführung des Farbfernsehens in den USA
1962	Durchbruch der Beatles
1963	Martin Luther King „I have a dream“
1963	Ermordung des US-Präsidenten John F. Kennedy
1967	Erste Herztransplantation
1969	Woodstock-Festival
1969	erste Mondlandung
1977	erster Personal Computer (PC)
1979	erster Walkman

1981	der Musiksender MTV geht auf Sendung
1983	Erfindung der Compact Disc (CD)
1989	Deutsche Wiedervereinigung
1989	erste schnurlose Telefone in Deutschland
1992	Mobilfunknetze D1 und D2 in Betrieb
1993	Entstehung des Internets

1997	Schaf Dolly, das erste geklonte Säugetier
2001	11. September, Anschlag auf das World Trade Center
2002	Einführung des Euro
2005	der Deutsche Joseph Ratzinger wird Papst Benedikt XVI.
2008	Barack Obama wird erster afroamerikanischer Präsident der USA